Agenda 2030- ¡El Gran Reset al Descubierto!

¿Nuestra Libertad en Peligro?

NWO & WEF Planea para 2022-2023

Hiperinflación - Escasez de Alimentos - Escasez de Combustible

Rebel Press Media

Descargo de responsabilidad

¿Descarbonización?

'Descarbonización = despoblación. Eliminar el CO2 significa eliminar la raza humana' - El periodo 2022 - 2024 será crucial para todos nosotros

El CO2 es la "molécula de la vida" en nuestra atmósfera. Sin el CO2, la vida actual en nuestro planeta no sería posible. A pesar de toda la propaganda climática, el nivel de CO2 en nuestra atmósfera sigue siendo históricamente bajo (450-500 ppm), y no está muy por encima del peligroso límite inferior de 300 ppm. Por debajo de ese nivel, todo lo que vive en este planeta comienza a morir. Así que qué gran idea la de Occidente no sólo para reducir significativamente las emisiones de CO2, sino también para sacarlo de la atmósfera. En Estados Unidos se ha puesto en marcha un gran proyecto para hacer exactamente eso. Esto es tan absurdo y peligroso, que es más o menos comparable al escenario de las conocidas películas de ciencia ficción en las que una agresiva raza alienígena "terraforma" la Tierra en otra atmósfera, hostil a nosotros, para que sea adecuada para su forma de vida.

Expropiar a los agricultores = ataque al suministro de alimentos

Totalmente en línea con la Agenda-2030, en Estados Unidos se está comprando a la fuerza y, por tanto, expropiando, a un gran número de agricultores (directa o indirectamente con los miles de millones de Bill Gates) (un proceso que también se ha iniciado en los

Países Bajos ahora que el Parlamento lo ha acordado este año), tras lo cual sus tierras confiscadas se retirarán en parte del arsenal agrícola. El objetivo es entregar el control total sobre el suministro de alimentos, que pronto será muy limitado, al gobierno mundial comunista del "Gran Reajuste", que ya está en funcionamiento, aunque algunos países (como Rusia) se niegan obstinadamente a someterse.

El proyecto "Heartland Greenway" de Iowa se presenta, obviamente, como "verde" y supuestamente beneficioso para "el clima" y "la comunidad", pero, como ocurre últimamente con casi todo lo que la élite occidental impulsa -pensemos especialmente en las inyecciones de terapia genética Covid-, en realidad se está consiguiendo exactamente lo contrario.

Una vez que la infraestructura del proyecto esté en marcha, se aspirará de la atmósfera y se almacenará bajo tierra el equivalente a las emisiones de CO_2 de 3,2 millones de coches o tres veces la ciudad de Des Moines. A escala de Estados Unidos, eso no es mucho todavía, pero si tiene éxito, se prevén muchas más plantas de este tipo.

El CO_2 es el alimento de las plantas y los cultivos, y por lo tanto para nosotros

Cualquiera que haya terminado la escuela primaria sabe que la fotosíntesis de las plantas y los cultivos depende del sol, el agua y el CO_2. Los invernaderos de Westland se llenan de CO_2 para que los cultivos crezcan más rápido y más grandes. Esto ha convertido a nuestro pequeño país en uno de los mayores exportadores de alimentos del mundo.

Los seres humanos y los animales, hechos de carbono, "consumen" este CO2 después de que los cultivos lo hayan convertido en proteínas y moléculas muy necesarias para nosotros. En un pasado lejano, cuando había miles de ppm de CO2 en la atmósfera, nuestro planeta era un gran jardín verde con enormes selvas tropicales donde ahora hay desiertos. Con aún menos CO2 -esencialmente la "molécula de Dios" en nuestra atmósfera- nuestro planeta se volverá aún más frío y seco, los cultivos fracasarán en masa y se desatarán hambrunas sin precedentes.

Estos, como se sabe, llegarán de todos modos a partir del próximo año, y eso también es el resultado directo de las políticas climáticas de los globalistas occidentales. Durante años ha habido una guerra contra el gas natural, que ahora ha colapsado parcialmente la producción de fertilizantes, de los que depende la alimentación de casi 4.000 millones de personas.

Eliminar el CO2 = eliminar la humanidad

Si se quiere eliminar todo el CO2 de la atmósfera -como Bill Gates ha sugerido abiertamente en varias ocasiones, incluso en una de sus infames "charlas Ted" de hace vários años-, la Tierra se convertirá más o menos en una especie de segundo Marte y, por tanto, será completamente inadecuada e inhabitable para la vida humana. Por tanto, eliminar el CO2 de la atmósfera no es más que un "genocidio a escala planetaria", según Mike Adams (Natural News).

La guerra contra el carbono (/CO2) es una guerra contra la vida. Contra nosotros. Descarbonización = despoblación. Eliminar el CO2 significa eliminar la raza humana'.

Una vez que el proyecto de Iowa se considere exitoso, estas plantas se construirán en todas partes. El CO2 será succionado de nuestra atmósfera, haciendo que las plantas y los cultivos se marchiten y finalmente mueran. La civilización humana será destruida. Si queda un poco de CO2, tal vez puedan quedar vivos 500 millones de personas, como está escrito en las "Guías de Georgia" (máximo 1.500 millones según la Agenda-2030).

Índice de contenidos

¿Pandemia de la OMS?

Gates reconoce con pesar que las actuales inyecciones de Covid "no pueden prevenir las infecciones" - La Fuerza Aérea de EE.UU. pierde el "juego de guerra" en el que China invade al amparo de un ataque biológico

Bill Gates ha "pedido" (= ordenado) a Occidente que invierta decenas de miles de millones en los preparativos (lett. "Germ Games") para la próxima pandemia, que cree que podría surgir tras el "ataque bioterrorista" anunciado por él mismo en 2020. En una reciente entrevista, Gates sugirió que ese ataque (probablemente de falsa bandera) provocará una pandemia con el mortal virus de la viruela. Por eso, según él, se necesitan mil millones al año para un grupo de trabajo especial de la OMS sobre pandemias, y por eso aboga por un "parche" (sin duda obligatorio) en el brazo que facilitaría la reinyección constante. Ese "parche" también podría servir como señal visible de que eres obediente a todo lo que el sistema te exige.

Gates vuelve a anunciar la próxima pandemia

Bill Gates pide a la OMS que organice "Juegos de gérmenes" para prevenir otra pandemia", informó Tech Times el 4 de noviembre. Esa próxima pandemia, según Gates, podría ser "peor" que el Covid-19 (lo cual no es tan difícil, ya que esa enfermedad ha demostrado ser comparable en todos los sentidos a una gripe estacional normal. Mientras tanto, incluso el CDA de Hugo de Jonge lo ha admitido). Si no resulta ser el virus de

Marburgo que mencionó antes -para el que las "vacunas" ya estarían listas- la próxima p(l)andemia podría consistir en el regreso de una variante mortal de la viruela.

La p(l)andemia de Covid debería obligar a la humanidad a invertir miles de millones más en pruebas, "vacunas" y otros tratamientos contra el virus, dijo Gates. Reconoció que las actuales inyecciones de Covid no pueden prevenir las infecciones, pero "sí ayudan a la salud". (¿Cómo es esa "ayuda" para su salud en la realidad? Hasta mediados de octubre, aproximadamente 50.000 muertes oficiales por vacunas y 1,5 millones con graves daños a la salud a largo plazo o permanentes sólo en Occidente, cifras que, según los análisis estadísticos, deberían multiplicarse al menos por 9 ó 10 veces).

Gates anunció durante su "Ted Talk" en 2015 una próxima pandemia mundial, que finalmente se hizo realidad en 2020. Por eso quiere que se den mil millones al año a un Grupo de Trabajo sobre Pandemias de la OMS (financiado y controlado en gran parte por él) para que organice "Juegos de Gérmenes", de modo que el mundo esté preparado para la próxima pandemia que se avecina. Si esta pandemia no te convence, la próxima lo hará", sonrió el ex alto ejecutivo de Microsoft en una entrevista televisiva el año pasado durante la primera fase de la crisis de la corona.

¿Qué pasa si un bioterrorista libera viruela en 10 aeropuertos?

"¿Y si un bioterrorista libera viruela en 10 aeropuertos? Con esta pregunta durante la reciente entrevista de Policy Exchange, Gates está tratando descaradamente de incitar nuevos temores con el fin no sólo de extraer miles de millones adicionales para "vacunar" a toda la población mundial una y otra vez, sino también como un argumento adicional para entregar aún más poder a la ONU y al Grupo Especial de Trabajo sobre Pandemias de la OMS (y por lo tanto a él).

En este contexto, ¿es una mera coincidencia que la Autoridad de Investigación y Desarrollo Biomédico Avanzado de Estados Unidos (BARDA) asignara 112,5 millones de dólares en septiembre para un tratamiento oral contra la viruela? Recordemos que el gobierno estadounidense y el Centro Johns Hopkins realizaron un simulacro de "Invierno Oscuro" en torno a un ataque biológico con el mortal virus de la viruela en junio de 2001. Un reciente simulacro de juego de guerra (a principios de 2021) sobre un ficticio ataque biológico chino, que precedería a una invasión real, no terminó bien para Estados Unidos.

BARDA, por su parte, también está colaborando con BD (Becton Dickinson) en el desarrollo de una prueba que pueda distinguir el Covid-19, la gripe y otros coronavirus. Dado que la muy controvertida prueba PCR no puede hacer esto, ha sido prohibida en los Estados Unidos a partir del 1 de enero de 2022. Sin embargo, esta prueba de PCR se sigue utilizando en los Países Bajos para informar de las llamadas "infecciones", lo cual es un ejercicio igualmente inútil y engañoso. Por el mismo dinero, casi todos estos supuestos pacientes de "corona" simplemente tienen gripe.

Parche de vacunación en el brazo

Durante la entrevista, Gates sugiere que las "vacunas" también pueden utilizarse para erradicar la gripe e incluso el resfriado común. 'Hacemos que las vacunas sean un pequeño parche que te pones en el brazo, cosas que son increíblemente útiles incluso en los años en los que no tenemos pandemias'. Subrayé esto, para enfatizar la permanencia planeada de tal "parche de vacuna" en su brazo, incluso si no hubiera más virus (científicamente una imposibilidad absoluta de todos modos, e incluso una condición altamente indeseable debido al severo debilitamiento del sistema inmunológico humano).

Es bastante concebible que sigan apareciendo nuevos "parches", y (a través de ese parche/vacuna) se inyectará un tatuaje de puntos cuánticos tecnológicamente ya desarrollado justo debajo de la piel, creando una "señal" permanente que transmitirá vía nanotecnológica "en vivo" su estado de vacunación. Esa marca será visible desde el exterior con un escáner de infrarrojos que utiliza una enzima luciferasa, también inyectada.

Casi de forma casual, Gates vincula literalmente la agenda de la vacunación con la agenda climática, una conexión que he señalado en numerosas ocasiones desde la primavera de 2020 al calificar los acontecimientos que rodean a la pandemia de la corona/Covid como un "golpe de estado de una secta globalista de la vacunación climática". En realidad, se trata de una misma agenda que debe conducir a un gobierno mundial comunista -de facto ya en funcionamiento- que será dirigido por globalistas como Bill Gates y Klaus Schwab.

Este "parche" también encaja perfectamente en la construcción del temido "signo de la Bestia

No tendré que explicar de nuevo que el "parche" de Gates encaja perfectamente en el sistema global de "la Bestia" que ha estado en proceso de establecerse desde el año 2020 como se predijo en el libro bíblico del Apocalipsis.

El temido "signo de la Bestia" se ha ido inyectando en la humanidad poco a poco desde finales del año pasado, siendo las dos primeras inyecciones una especie de base de pruebas "MSDOS" para el próximo "sistema operativo" de la I.A. 5G/6G/nanotecnológica al que todo el mundo estará vinculado obligatoriamente.

A medida que se suceden más inyecciones y vacunas de refuerzo (la UE ya ha ordenado 6 vacunas de refuerzo para cada ciudadano), el "punto de no retorno" está cada vez más cerca. Para los vaxxers, el rechazo pronto será prácticamente imposible. Los no vacunados -como también se predijo en el Apocalipsis- pueden acabar pagando el precio más alto por su negativa.

Según el periodista de investigación Steve Kirsch, los hospitales de todo Estados Unidos se están viendo inundados de bebés con graves problemas cardíacos causados por la inyección a sus madres de una "vacuna" Covid-19. Y al igual que en Bélgica, las UCI de Estados Unidos están a rebosar de enfermos totalmente vacunados. La ola de enfermedad y muerte temida por numerosos científicos, expertos y analistas críticos como resultado de este genocidio de la vacunación ahora parece estar realmente arraigada.

Kirsch recibió un inquietante correo electrónico de información privilegiada sobre un hospital infantil en el que todas las UCIN (Unidades de Cuidados Intensivos Neonatales) están repletas de bebés recién nacidos con graves problemas cardíacos. Todas las madres de estos bebés se habían "vacunado" completamente contra el Covid. Según el autor del correo electrónico, esta información, que es muy perjudicial para las "vacunas", también está siendo suprimida. No es de extrañar en un país en el que los trabajadores sanitarios son despedidos si se niegan a ser inyectados.

Médicos y personal sanitario confirman la pandemia de vacunas

El periodista de investigación preguntó a médicos y enfermeras si podían confirmar las afirmaciones del correo electrónico. Recibió cientos de respuestas. Uno de ellos dijo que ya hay varios documentos que confirman que las UCI de muchos hospitales están "repletas" de pacientes enfermos y moribundos. Las habitaciones están llenas de personas con síntomas no relacionados con el cólera...". ¿La causa probable? Los efectos secundarios de la vacuna'.

¿Cuántos recién nacidos estarán pronto entre ellos? Los medios de comunicación y la comunidad médica no lo dirán. Vendrá de la gente común que está harta, y que tiene más miedo del gobierno que de Covid.'

Otro escribió que ahora está "claramente establecido" que el número de abortos espontáneos se ha disparado desde que comenzaron las inyecciones. 'A mi cuñada no vacunada, que acaba de dar a luz, su médico le había dicho que no se vacunara durante el embarazo porque sus tres últimas pacientes habían abortado justo después de la inyección'.

En este contexto, alguien señaló un vídeo de un (supuesto) director de una funeraria diciendo que ahora recibe muchos más bebés muertos de lo habitual.

Pfizer y la FDA conocían los riesgos, pero aprobaron la "vacuna" para las mujeres embarazadas de todos modos

Un informe oficial de aprobación de la FDA sobre la "vacuna" de Pfizer confirma que los recién nacidos de las mujeres vacunadas tienen altos niveles de proteínas de espiga (que provocan coágulos de sangre y trombosis) en sus órganos. Pfizer había establecido esto por sí misma en pruebas con ratones, y por lo tanto lo sabía de antemano. Sin embargo, el mismo estudio fue invocado para confirmar la supuesta "seguridad" de la inyección de Covid para las mujeres embarazadas.

Posteriormente, los CDC estadounidenses recomendaron que las mujeres embarazadas -a pesar de la ausencia casi total de pruebas de seguridad sólidas- se "vacunaran" contra el Covid. Esta decisión se basó en un artículo publicado en el NEJM (New England Journal of Medicine), que ya se ha retractado. Sin embargo, los CDC no ajustaron el consejo, con consecuencias de gran alcance: Además de miles de abortos, ahora hay bebés enfermos y muertos por la leche materna contaminada por la vacuna. y estudio del New England Journal of Medicine: Las inyecciones de Covid matan a 9 de cada 10 bebés en el primer trimestre.

'Mi nieto nació este verano tras un embarazo normal y pesó más de 2 kilos', respondió una enfermera oficial. 'Su madre fue vacunada durante su tercer mes. Estuvo en la UCI durante dos semanas con 'problemas respiratorios'. Todas las pruebas eran normales, pero debido a una 'razón desconocida', tenía muy poco oxígeno. Hablé con una enfermera de la UCI que me dijo que de repente está ocurriendo con frecuencia este año, y que también hay casos de bebés con daños cerebrales. Sin embargo, también dijo que nadie lo relaciona con el estado de vacunación de la madre. Esto es indignante.

Ayer informamos de que las "vacunas" Covid también están dañando gravemente la salud de un número sin precedentes de jóvenes y atletas sanos. Varios de ellos no han sobrevivido a sus inyecciones.

Mientras no se materialicen verdaderas protestas populares masivas contra estas inyecciones de manipulación genética peligrosa impuestas indirectamente, y casi todo el mundo siga consintiendo dócilmente las nuevas medidas excluyentes del Apartheid, el número de víctimas -cada vez más jóvenes- de este vaxxicidio seguirá aumentando con toda probabilidad.

CEO: "O las vacunas no funcionan, o peor, las propias vacunas causan Covid

Kristiaan Deckers, director médico del grupo hospitalario de Amberes GZA, ha dado la voz de alarma porque la capacidad total de pacientes de Covid en la UCI (el 25% del total) ya está llena. ¿El perfil de nuestros pacientes? Ahora están todos vacunados y tienen infecciones de alto riesgo. Son personas relativamente jóvenes, de entre 55 y 60 años, de las que bastantes tienen problemas inmunológicos. Pero también ven a personas más jóvenes gravemente enfermas de entre 30 y 55 años, así que la cuestión es si las vacunas siguen funcionando'.

Sé que a veces se oyen otros rumores', respondió el Dr. Jo Leysen, administrador del AZ de Turnhout. 'Pero la gran mayoría de los pacientes que admitimos ahora son personas vacunadas'. El comentarista de la ATV de Amberes: 'Por cierto, para los que piensen que los hospitales están llenos de personas no vacunadas: eso ya no es cierto'.

O bien las vacunas no funcionan, o bien ellas mismas causan Covid".

Otros funcionarios de hospitales belgas quisieron permanecer en el anonimato porque, al igual que en los Países Bajos, denunciar abiertamente los hechos y las cifras reales les acarrearía graves represalias. Un director general declaró exactamente lo que sugerimos que podría ocurrir el año pasado: O bien las vacunas no funcionan, o peor aún, las propias vacunas causan Covid.

Pero si se nos cita públicamente, perdemos nuestro trabajo y nuestra profesión. Hay casi un zeitgeist de culto en el que no se permite decir nada sobre las vacunas, aunque no funcionen o perjudiquen a la gente'.

La política y los medios de comunicación occidentales mantienen la mentira

En Europa, la política y los medios de comunicación siguen proclamando a diario la mentira de la "pandemia de los no vacunados" para justificar unas medidas de QR-Apartheid cada vez más estrictas destinadas a obligar a todo el mundo a ponerse estas inyecciones de terapia génica que ponen en peligro la vida y que han demostrado ser una amenaza.

Sin embargo, ya no se puede negar la cruda realidad: las "vacunas" parecen dañar y debilitar gravemente el sistema inmunitario, algo que científicos críticos como el profesor (em.) de inmunología experimental Pierre Capel llevan advirtiendo en vano desde el año pasado. Si estos daños no se reparan espontáneamente, el año que viene se avecina una catástrofe sanitaria de proporciones sin precedentes, sobre todo si se continúan las inyecciones y se añaden refuerzos.

Un culto extremadamente peligroso

Como nuestros lectores saben, yo mismo he estado hablando durante mucho tiempo de una secta globalista climática-vacuna que se ha apoderado / obligado a obedecer a nuestros países y gobiernos. El término "secta" fue considerado exagerado por algunas personas, pero ahora está cada vez más claro para otros que, de hecho, estamos tratando con una especie de religión sectaria extremista.

Falsamente empaquetadas como "vacunas", las inyecciones experimentales de manipulación genética y sus fabricantes han sido declarados, como si fueran "dioses" o "profetas", intocables y sagrados. Cualquier forma de crítica te hace acreedor a sanciones de exclusión cada vez más severas, y si fuera por miembros fieles de la secta como Ab Osterhaus, Hubert Bruls y la cadena pública NTR, a la deportación o incluso a la muerte, sea o no por ejecución.

17

¿Recuerdas las lecciones en la escuela sobre la Inquisición en la Edad Media, cuando las "brujas" y otros herejes eran perseguidos por la Iglesia Católica Romana, encarcelados y quemados en la hoguera? ¿Y cómo el profesor nos decía que los tiempos de barbarie en los que se acababa masacrando a las personas que se desviaban de la norma por cualquier motivo han quedado definitivamente atrás tras el Holocausto?

¿Escasez de alimentos?

La conferencia de élite sobre el clima COP26 decide recortar la energía, amenazando con causar miles de millones de muertes por hambre - Sólo el poder de los números puede detener esta guerra contra la humanidad

Aparte de la asequibilidad de nuestro suministro de energía y, por lo tanto, de nuestra prosperidad y bienestar, la guerra ideológica contra los combustibles fósiles que los globalistas del "Gran Reajuste" / Agenda-2030 de vacunación climática están llevando a cabo causará una hambruna mundial garantizada ya en 2022 - 2023, que matará al menos a cientos de millones de personas, y hará que los alimentos sean prácticamente inasequibles para miles de millones más. ¿Por qué esto puede ser tan seguro? Porque hay una enorme escasez de fertilizantes, que sólo pueden fabricarse con combustibles fósiles. Los líderes occidentales no sólo ignoran esto, sino que están eliminando los "fósiles" a un ritmo acelerado.

El gas natural y otros combustibles fósiles pueden convertirse directamente en amoníaco (NH_3), que combinado con CO_2 u O_2 (oxígeno) puede utilizarse para producir varios tipos de fertilizantes (urea, ácido nítrico y nitrato de amonio). De la reacción química principal (N_2 (nitrógeno) + $3H_2$ (hidrógeno) = $2NH_3$ (amoníaco) depende la producción de alimentos para unos 3.800 millones de personas.

La energía eólica y solar no puede utilizarse para la
producción de fertilizantes porque el gas natural (CH4)
es insustituible y no se produce con fuentes "verdes".
Por lo tanto, limitar y dejar de usar los 'fósiles' pone en
riesgo la supervivencia de la mitad de la población
mundial. Además, la exacción mundial del petróleo, el
carbón y otros combustibles fósiles ya está provocando
una fuerte subida de los precios, lo que alimenta la
escasez y, por tanto, la inviabilidad de los alimentos.

**La élite de la COP26 decide la destrucción "verde" de la
prosperidad y el bienestar**

La semana pasada, 40 países reunidos en la conferencia
sobre energía y clima COP26 decidieron eliminar el
carbón en los próximos años, lo que es una receta
garantizada para las hambrunas mundiales. El cese del
carbón provocará una escasez masiva de energía,
mientras que ya nos enfrentamos a una escasez
deliberada de gas natural, que no sólo aumentará
monstruosamente las facturas de energía el próximo
año, sino que también amenaza con dejar literalmente a
innumerables personas en el frío (presumiblemente
extremo) este invierno. Millones de personas tendrán
que elegir literalmente entre "¿enciendo la calefacción
hoy o hago la cena?

El gas natural se ha encarecido tanto que "el nivel de
precios actual ya no hace posible una producción
económicamente viable", advirtió SKW Piesteritz, el
mayor productor de fertilizantes de Alemania. También
en Estados Unidos, Gran Bretaña y Australia se ha

detenido en parte la producción de fertilizantes porque el gas natural se ha vuelto inasequible como consecuencia de la "transición" a una sociedad denominada "verde" y "sostenible".

Léase: nuestra sociedad está siendo deliberada y deliberadamente puesta bajo el verde haciendo que los alimentos y la energía, y por tanto la vida misma, sean extremadamente caros. La actual escasez de fertilizantes -según Free West Media, causada en parte por el sabotaje (como un número inusualmente grande de accidentes de trenes de carga estadounidenses) (2)- provocará cosechas catastróficas ya en 2022, desencadenando hambrunas a gran escala y disturbios por alimentos.

Miles de millones de personas "aniquiladas" por el hambre, el frío, la enfermedad, la pobreza, la muerte y la guerra

Si a esto le añadimos la crisis de las cadenas de suministro mundiales, también orquestada por los globalistas climáticos occidentales, los apagones previstos -en la emergencia ya se están instalando generadores como preparación, según nos ha dicho una fuente- y las "vacunas" de Covid impuestas con medidas de Apartheid cada vez más duras, el resultado final para la mayor parte de la población mundial oprimida, incluida Holanda, es HAMBRE, FRÍO, ENFERMEDAD, POBREZA y MUERTE, cosas que históricamente siempre conducen a la GUERRA.

21

No podemos enfatizar lo suficiente que todo esto es demostrablemente "por diseño", planificado y deseado. Los gobiernos y administraciones globalistas han iniciado el asalto frontal a la humanidad utilizando la escasez de alimentos, la escasez de energía y las inyecciones de terapia genética que destruyen el embarazo y la inmunidad. La élite ya no nos necesita porque casi todo se puede automatizar. Esta campaña de despoblación genocida, que fue comparada abiertamente con el Holocausto por el inventor de la tecnología de ARNm en las "vacunas" Covid, está siendo vendida a la gente común como un "reinicio necesario" debido a una falsa "crisis climática" de CO2 y una "crisis sanitaria" Covid.

El príncipe Carlos pidió literalmente una "campaña masiva de estilo militar" en la COP26 para llevar a cabo una "transición económica fundamental" (= TODO el poder y la riqueza a un pequeño club de élite, los ciudadanos privados de derechos que pueden sobrevivir no poseen NADA más). El primer ministro británico, Boris Johnson, instó a los demás líderes a "tomar medidas sobre el carbón, los coches, el dinero y los árboles", todo ello bajo el pretexto de la teoría de la crisis climática de la "ciencia basura" del CO2 antropogénico.

Una vez que miles de millones de nosotros hayan sido "eliminados" por estos métodos y mentiras -la Agenda-2030 quiere dejar un máximo de 1.500 millones de personas, las Guías de Georgia establecen un número deseado de 500 millones- estas poderosas familias bancarias, multimillonarios y casas reales tendrán todos los recursos naturales y toda la Tierra para ellos durante generaciones. Los esclavos supervivientes serán conectados a la fuerza a una red tecnocrática 5G/A.I., y podrán ser controlados, abusados y explotados a voluntad, y eliminados tan pronto como ya no sean necesarios.

Sólo el poder de los números puede detener esta guerra contra la humanidad

Aparte de una intervención divina sobrenatural esperada por los creyentes, el "poder de los números" es lo único que aún puede detener esta Tercera Guerra Mundial contra la raza humana.

Cuando miles de millones de personas de a pie dejen por fin de lado y acepten sus diferencias mutuas, podrán unirse para acabar de una vez por todas con el dominio de siglos de estas familias malvadas y sus organizaciones engañosas (ONU / FEM / UE / FMI / GAVI / Comisión Trilateral, Bilderberg, BIS, Fundación Gates, Fundación Rockefeller, etc.), que son a lo sumo unas pocas decenas de miles, pero que están convirtiendo la vida en un infierno indescriptible para el resto.

Esa unanimidad de negros, morenos, blancos, amarillos, jóvenes, viejos, musulmanes, cristianos, budistas, judíos, vaxxers, no vacunados, de izquierdas, de derechas o miembros de cualquier letra del alfabeto identitario, es lo único que temen estos sádicos diablos

23

de los frikis humanos, y por tanto es exactamente lo
que intentan evitar con todas sus fuerzas con la
"diversidad" y cosas como los pases QR/vax.

¿Caemos en estas llamativas tácticas de "divide y
vencerás", o demostramos por fin que hemos
aprendido de la sangrienta opresión y de otras tragedias
sociales del pasado, que tan a menudo fueron el
resultado de nuestra desprevenida fe ciega en "líderes"
y "gobiernos" mentirosos? Nuestra completa
supervivencia puede depender de ello.

¿Podemos detenerlo?

Análisis del Golden Mean: Indicios de que la violencia en Rotterdam fue instigada deliberadamente por agentes gubernamentales provocadores - El economista Armstrong: "La población mundial podría colapsarse al menos en un 50% si todo el mundo se vacuna" - ¿Los agentes de la OMS/Bill Gates y el FEM/Schwab ya están en camino para soltar el virus de Marburgo o de la viruela para darnos el golpe final?

Las imágenes de los violentos disturbios de Rotterdam dieron la vuelta al mundo. En muchos otros países también se produjeron protestas a gran escala contra la tiranía fascista vaxpas / lockdown con la que casi todos los gobiernos oprimen a sus poblaciones. El canal del autodenominado "partido político ético" The Golden Mean (www.deguldenmiddenweg.eu), que existe desde marzo de 2020, ofrece un análisis cristalino de los disturbios, señalando fuertes indicios de que la violencia fue instigada deliberadamente por "agentes provocadores". También insta a la policía a ponerse del lado del pueblo. Pero, ¿aún hay tiempo para eso? Porque la rápida inclinación de los ánimos en Europa puede hacer que la élite de la OMS/Gates/WEF/Schwab decida darnos el golpe final con puño de hierro lo antes posible.

El episodio 157 de "Veritas Vos Liberabit" habla de dos grupos diferentes que estuvieron activos en Rotterdam. Un grupo realizó una protesta contra el ruido de la 2G/el bloqueo con ollas, sartenes y silbatos, entre otras cosas, y el otro, vestido de negro, protestó contra la prohibición de los fuegos artificiales el 31 de diciembre. Cuando los fuegos artificiales se encendieron, la policía / ME pasó con furgonetas con bastante fuerza. Esto fue el detonante de la violencia, y los coches de policía también fueron objeto de vandalismo e incendio.

¿Agentes que provocan?

Rechazamos toda la violencia, pero también tenemos que hacer un aparte", dice Peter Baars. Por ejemplo, en una calle lateral de la Coolsingel había montones de ladrillos rotos listos para ser lanzados (una copia de lo que se hizo antes en Estados Unidos), Así que la pregunta es si la violencia en Rotterdam también fue "instigada por agentes provocadores. Si es así, también cabe preguntarse de qué lado están estos provocadores".

Una página muy negra de la historia es que la policía... también disparó contra varias personas de forma selectiva. Uno de ellos recibió una bala en el estómago. Estaba de pie filmando, según muchos transeúntes".

Estos disturbios pueden haber sido provocados para conseguir la desaprobación del público para las (nuevas) manifestaciones. Entre los alborotadores, es posible que se hayan escondido Romeos. Esto ha sucedido más veces. Da lugar a la declaración de medidas de emergencia y tal vez del estado de excepción, para atraer aún más poder a los gobiernos... Hay que tenerlo en cuenta'.

Agentes de Eurogendfor vistos y filmados: indicios de que se han provocado disturbios

Baars también señala que hay grabaciones de agentes y hombres de negro con porras que llevan el emblema de la organización europea de gendarmes (/mariscales/ policía militar), Eurogendfor. Se calcula que unos 8.000 gendarmes están afiliados a ella. Eurogendfor se creó para sofocar disturbios en los países de los demás. Razón: un gendarme rumano estará preparado para disparar a los hombres, pero un policía militar puede no estarlo (y viceversa).

(Diederik Gommers también ha reconocido que la 2G no va a ayudar, y que no hay diferencia entre las personas vacunadas y las no vacunadas. También dice que se necesitarán 10 años para restaurar el sistema sanitario destruido por los conglomerados. ¿Por qué el gobierno no da las cifras? escribe Bert Brandsma en respuesta a las declaraciones de Gommers (¿quizás porque entonces se verá que aquí también los hospitales están inundados de gente vacunada?) ¿Es cierto que Gommers abandona el barco que se hunde, O sabe que el régimen occidental está planeando algo mucho peor, y ya no puede respaldarlo)?

La policía y los mandos policiales: digan ¡Basta!

En toda Europa se celebran una y otra vez grandes manifestaciones (aunque los medios de comunicación dominantes (= canales de propaganda del gobierno) las ignoran prácticamente). En Austria se ha llegado al punto de que la policía está desertando hacia los manifestantes. Ya no les apetece cumplir órdenes que perjudican al pueblo austriaco".

Baars: "Mi pregunta a los dirigentes de la policía es: ¿cuándo vais a despertar? ¿Cuándo os vais a dar cuenta de que las órdenes que recibís NO son en interés del pueblo? ¿Cuándo os vais a negar a cumplir órdenes que, en última instancia, os colocarán en el lado equivocado de la historia?

Por ello, pide a los dirigentes policiales que digan "¡BASTA!" a este gobierno de "marionetas" que sólo cumplen órdenes de organizaciones internacionales como la OMS y el FEM. Hay que tomar un rumbo diferente, o de lo contrario habrá un contragolpe, "y el sufrimiento será incalculable y será un caos total. Así que los dirigentes del cuerpo, deberían negarse a seguir aplicando esto, y dejar claro al gobierno que las medidas C(ovid) deben ser levantadas con efecto a partir del lunes'.

Sólo cuando se permita que se escuche la voz de todos y se pongan TODOS los hechos sobre la mesa, la gente, dice, será leal a las conclusiones que se saquen entonces. 'La gente a la que no se le escucha, a la que se le pisotea, se desestabiliza y empieza a hacer cosas muy locas. Eso no es una amenaza, es una advertencia de lo que puede venir si no empezamos a darle la vuelta a esto'.

El economista Armstong: "La población mundial podría reducirse en un 50% si se vacunara a todo el mundo

Los disturbios en Rotterdam y las grandes manifestaciones en Australia, Croacia, Italia y Austria tampoco han pasado desapercibidos para el economista estadounidense Martin Armstrong. El presidente francés Macron ha declarado ahora a los manifestantes 'terroristas', y está desplegando unidades militares antiterroristas contra su propia población. 'Cualquiera que siga pensando que esto es por la salud pública no tiene ni idea de lo que está apoyando. Cuándo los gobernantes más brutales en 6.000 años de historia han puesto a toda la sociedad en jaque por una enfermedad? JAMÁS.

Los CDC estadounidenses han reconocido que no hay pruebas de que una persona no vacunada que se haya recuperado pueda contagiar el virus. La gran mayoría de todos los nuevos casos en los hospitales son personas vacunadas en todas partes, "y los gobiernos están haciendo todo lo posible para ocultarlo".

Al forzar las inyecciones, en realidad se reduce la inmunidad natural. Si realmente se vacunara a todo el mundo, se podría desencadenar un colapso de la población del 50% o más... Al igual que el uso excesivo de antibióticos ha creado superbacterias, estas vacunas acabarán con nuestra inmunidad natural y aumentarán el riesgo de que aparezcan nuevas mutaciones'.

'Los gobiernos están utilizando estas vacunas para controlar a la población, en preparación para el Great Reset de Schwab, con el que intentan acelerar la Cuarta Revolución Industrial (en realidad 'Das Vierte Reich' - X.). Asumen que los robots sustituirán a los trabajadores, por lo que necesitan una renta básica garantizada. Pero rezan para que se reduzca drásticamente la población, al menos bajando la tasa de natalidad' (y bien podrían hacer lo mismo con estas inyecciones de Covid-19. Véanse nuestros numerosos capítulos anteriores sobre esto).

¿Seguirá ahora el golpe final aún más rápido de lo pensado?

Los acontecimientos se están moviendo tan rápido, que puede que ni siquiera nos queden meses, sino tal vez sólo semanas, para detener este Gran Golpe de Estado del Reset contra nuestra sociedad, que nos sumergirá mucho más profundamente en un horrible futuro totalitario con opresión dura como una roca y cero coma cero libertad y participación.

Ojalá me equivoque, pero me temo que los globalistas de la OMS/FEM y sus regímenes de esclavitud (incluidos los de La Haya) están a punto de golpear con puño de hierro y, por tanto, intentarán dar el golpe definitivo. Ese golpe o golpes pueden consistir en:

* La liberación deliberada del virus (modificado) de Marburgo y/o de la viruela, como ya ha anunciado Bill Gates. Todas las dudas más que justificadas sobre

Corona/Covid se disiparán una vez que la gente muera en masa. El virus Marburg/viruela ni siquiera tiene que ser liberado realmente todavía, sino que también puede ser utilizado para la enorme ola de enfermedad y muerte que parece haber comenzado en todas partes como resultado de las inyecciones de Covid.

* Una operación occidental de falsa bandera en Polonia o Ucrania, o en algún otro lugar, diseñada para provocar una supuesta guerra "repentina" con Rusia. Históricamente, nada distrae mejor a un pueblo que la guerra. Tal bandera falsa también podría consistir en un apagón de "ciberataque" de bandera falsa de días o incluso semanas, que el FEM junto con varios gobiernos ya han practicado a principios de este año (al igual que las mismas partes "practicaron" un brote mundial de un coronavirus en octubre de 2019 (evento201)).

* Una serie de catástrofes naturales causadas por las armas de energía HAARP (que ya no son una conspiración, pero que ya están reconocidas y funcionan) (por ejemplo, un terremoto masivo en los Estados Unidos, inundaciones en Europa y China, etc.) que se cobran tantas víctimas, que el caos es aprovechado para el estado de las cosas y la eliminación permanente de nuestros últimos restos de libertad.

Muchos esperan que los gobiernos se acobarden y reduzcan sus planes. Espero que estas personas tengan razón, pero teniendo en cuenta los enormes crímenes de los últimos (casi) dos años, el hecho de que "nuestros" dirigentes estén dispuestos a mentir continuamente de forma tan descarada y a pasar literalmente por encima de los cadáveres -aunque sólo sea por prohibir la ivermectina- me da la molesta sensación de que aprovecharán los acontecimientos de Rotterdam y la población sublevada para algo horrible, y no mirarán a unas pocas víctimas más o menos.

¿Comenzará en 2022 la dictadura más inhumana de la historia, o la detendremos?

Nuestro futuro pende literalmente de un hilo. Si la élite de la ONU /OMS /FEM /UE /FMI /Gavi /BIS /Comisión Trilateral (y tú nombras las abreviaturas) se sale con la suya, a partir de 2022 acabaremos en la dictadura más dura e inhumana que ha conocido este planeta, que tal y como se ve ahora puede causar miles de millones de víctimas. La Agenda-2030 quiere reducir la población mundial a un máximo de 1.500 millones, lo que significa que en los Países Bajos tendrán que desaparecer unos 14 millones de personas.

Sólo una sociedad suicida aceptará involuntariamente su propio exterminio. Así que resiste pacíficamente (!), como dice Baars, cerrando todo el país, y aceptando nada menos que la eliminación completa y permanente de todas las medidas "C".

Y la policía y otras fuerzas del orden: En caso de que el régimen de La Haya se niegue a detener la destrucción paso a paso de la economía, la siembra del miedo y la división, la imposición de la discriminación y el QR-Apartheid, y el daño a la salud pública con inyecciones de terapia genética experimentales altamente cuestionables -y ahora reconocidas como no protectoras-, tal vez deban empezar a pensar en reunir equipos de arresto que estén listos para detener y encarcelar a los responsables y ejecutivos de la política, las instituciones y los medios de comunicación para que sean juzgados en un tribunal por alta traición a su propio pueblo, y por sus crímenes contra la humanidad ya cometidos.

El futuro en los campamentos

¿Quién se atreve todavía a NO hacer la comparación con la Segunda Guerra Mundial / el Holocausto? - El movimiento australiano por la libertad envía un SOS desesperado al mundo: "Ayudadnos, nuestro país está perdido

Se anunció el año pasado, y ahora es un hecho consumado: los primeros australianos han sido trasladados a la fuerza a un campo de concentración bajo el pretexto de una "amenaza extrema para la salud pública" después de que se detectaran 19 presuntas "infecciones" por Covid en la ciudad de Binjari. El movimiento por la libertad "Reignite Democracy Australia" envió recientemente un SOS desesperado al mundo porque "nuestro país está perdido". ¿Pero quién va a salvar a los australianos de esta tiranía fascista inhumana? Esto está llegando a Europa también, y están haciendo todo lo posible para hacerlo también en América del Norte", advirtió recientemente el economista estadounidense Martin Armstrong. Todavía estás pensando: pero no aquí, ¿verdad? Piénselo de nuevo: La OMS/Bill Gates y el FEM/Klaus Schwab tienen en sus manos tanto a los australianos como a los gobiernos.

Los residentes de las aldeas de Binjari y Rockhole (220 y 130 habitantes respectivamente) ya habían sido sometidos a un estricto encierro, en el que sólo se les permitía salir de casa para hacer las compras necesarias, recibir atención médica, hacer dos horas de ejercicio, trabajar y recibir educación (si no se podía hacer desde casa).

Estas 5 excepciones han sido derogadas, con la excepción del tratamiento médico de urgencia. Además, todos deben "vacunarse" lo antes posible. El ministro Gunner justificó las medidas autoritarias con la mentira de que "el peligro de muerte es extremo".

Así que no es una teoría de la conspiración después de todo'

38 "contactos" de las 19 personas "contaminadas" fueron localizados y también transportados en camiones del ejército al campo de concentración de Howard Springs (la imagen no se puede publicar debido a los derechos de autor). Este tiene un total de 3000 plazas, oficialmente para 'extranjeros' y 'viajeros nacionales'. Tweets de Bernie: 'Así que no era una teoría de la conspiración después de todo'.

"Sálvanos, nuestro país está perdido

El movimiento por la libertad "Reignite Democracy Australia" emitió recientemente un SOS desesperado al mundo.

Australia ya no puede luchar por sí misma", dijo Monica Smit, señalando el hecho de que a los manifestantes se les dispara por la espalda, se detiene a la gente por criticar al gobierno en las redes sociales y se les despide si no se inyectan, e incluso los niños se suicidan ahora

35

en números alarmantes. Ahora somos un país de división, coerción y Apartheid médico... Nuestros derechos humanos han desaparecido, han desaparecido".

Nos han silenciado. Nos han atacado, chantajeado y dañado psicológicamente. Hemos intentado librar esta batalla solos, pero el gobierno nos ha infundido tanto miedo que hemos perdido la fuerza para luchar'.

Somos una nación rota, y aunque nunca nos rendiremos, necesitamos su ayuda para continuar nuestra lucha. Necesitamos la ayuda de nuestros amigos internacionales. Os pedimos vuestro apoyo para presionar política y económicamente a nuestros dirigentes para que cambien el rumbo destructivo que llevamos. Por eso estamos organizando una protesta mundial, con Australia excluida, en apoyo de nuestra lucha por la libertad. Este es un SOS oficial para mi hermoso país. Les rogamos que escuchen nuestro grito de ayuda".

Sin embargo, "nuestros amigos internacionales" han sido tomados por el mismo club de globalistas comunistas-tecnocráticos. Lo sentimos, australianos, pero nos enfrentamos a la imposición de la misma dictadura tiránica, aunque todavía no la hayan llevado tan lejos como ustedes. (Es una estrategia deliberada de "divide y vencerás". Mucha gente sigue reaccionando con el argumento de la "cabeza en la arena": "¡Oh, pero eso no es con nosotros, no será con nosotros, sabes! Porque el gobierno prometió eso!" (Igual que prometieron que nunca habría un pasaporte vacunal, que nunca se "empujaría" a las vacunas, etc.).

'Esto también está llegando a Europa, y están haciendo todo lo posible para hacerlo también en Norteamérica', advirtió hace unos días el economista estadounidense Martin Armstrong. Con sólo 5 millones de (supuestas) muertes debidas a Covid en todo el mundo de una población de 7.800 millones, ¡este es el Nuevo Orden Mundial acabando con la democracia!

¿Quién nos librará de estos enemigos de la humanidad?

En la Segunda Guerra Mundial, los estadounidenses, británicos, canadienses y australianos vinieron a liberarnos de los nazis. Ahora necesitamos una nueva liberación de un tipo diferente de ocupación. Ahora necesitamos ser liberados de la OMS/Bill Gates, del FEM/Klaus Schwab, de George Soros (= "presidente en la sombra" europeo de facto), de todos sus ejecutivos políticos serviles, del complejo de la Gran Farmacia y de los Grandes Bancos, y ciertamente de sus todopoderosos directores entre bastidores, especialmente de las notorias familias Rothschild y Rockefeller y justo debajo de ellas de algunos de los más conocidos miembros de la realeza europea y oriental.

Este club de elitistas, comparativamente pequeño, se está despojando de todas las máscaras de "humanidad" y "democracia" a un ritmo cada vez mayor, y en realidad se está mostrando como un virulento enemigo de la humanidad.

Aborrezco cualquier forma de violencia, pero aparte de una intervención sobrenatural / divina esperada y deseada por muchos, cabe preguntarse qué país o países tienen suficiente poder (militar) y voluntad política para librar al mundo de estos monstruos y sus instituciones.

¿O es que los informes sobre viales misteriosos de viruela y medicamentos y vacunas adquiridos sólo pretenden mantener a la población en un estado de miedo constante?

El multimillonario eugenista Bill Gates anunció con una sonrisa el año pasado que "si la primera pandemia no le convence" (para que le inyecten "vacunas" de manipulación genética), entonces la segunda lo hará. Hace unos meses, sugirió que la próxima pandemia podría ser con el virus de Marburgo, pero no mucho después, lo cambió por un regreso de la temida viruela. Según Natural News, la administración estadounidense de Biden está ahora preparada para atacar a toda la población mundial con esta arma biológica "Ángel de la Muerte". De hecho, en septiembre, el gobierno compró millones de dólares en medicamentos especiales contra la viruela.

Hace ya ocho años, el gobierno federal estaba almacenando grandes cantidades de vacunas contra la viruela. Ahora, de repente, han aparecido recientemente en los medios de comunicación informes peculiares sobre la "viruela". Un empleado de un laboratorio de Filadelfia -propiedad del gigante farmacéutico Merck- supuestamente se encontró con 15 frascos de medicamentos que contenían el virus de la viruela en algún lugar de un refrigerador.

Entonces, Bill Gates salió con la advertencia de que los "terroristas" (¿se estaba mirando en el espejo en ese momento?) están planeando liberar un arma biológica de viruela, y los gobiernos deben, por tanto, gastar miles de millones (en "vacunas", por supuesto) para prevenir "futuras pandemias".

La viruela habría sido erradicada en 1980. Entonces, ¿por qué el gobierno de Biden lanzó el medicamento TOPXX, desarrollado para tratar la viruela, por 112,5 millones de dólares en septiembre?

¿Qué pasa si un bioterrorista libera viruela en 10 aeropuertos?

El 7 de noviembre, informamos de que Bill Gates ha ordenado a Occidente que invierta decenas de miles de millones en los preparativos (lett. "Juegos de gérmenes") para la próxima p(l)andemia.

"¿Y si un bioterrorista libera viruela en 10 aeropuertos? Con esta pregunta durante la reciente entrevista de Policy Exchange, Gates está tratando descaradamente de infundir nuevos temores con el fin no sólo de extraer miles de millones adicionales para "vacunar" a toda la población mundial una y otra vez, sino también como un argumento adicional para entregar aún más poder a la ONU y al Grupo Especial de Pandemia de la OMS (y por lo tanto a él).

Estos "juegos de gérmenes" de los que habla Gates suenan a ejercicios de falsa bandera para liberar "gérmenes" (patógenos) en el mundo, y llegan en un momento en el que sabemos que los globalistas, en sus mentes enfermas, consideran necesario erradicar una gran parte de la población mundial", concluye All News Pipeline.

Próxima pandemia: erradicada o un parche de vacuna en el brazo

Así que, después de que el "ejercicio" de pandemia Event201 (en octubre de 2019) con el brote de un coronavirus se hiciera realidad apenas 3 meses después, la próxima pandemia planeada -ya sea con viruela, con un virus de Marburgo modificado o con algún otro "asesino" (exista o no realmente)- podría "hacerse viral" pronto en todo el mundo.

¿O acaso los informes sobre misteriosos frascos de viruela y medicamentos y vacunas adquiridos sólo pretenden mantener a la población en un estado de miedo constante? Otra explicación igualmente plausible es que los gobiernos puedan señalar algún tipo de "virus de falsa bandera" una vez que millones de personas enfermen gravemente y/o mueran a causa de las inyecciones de Covid, un hecho extremadamente aterrador pero previsto por numerosos expertos que ya ha comenzado.

Los supervivientes de la plandemia que se avecina deberían, si está en manos de Gates (y por tanto de la OMS = el verdadero gobierno), recibir todos un "parche de vacunación" en el brazo, que bien podría ser la

culminación del predicho "signo de la Bestia", con el
que todos los vaxxers se están integrando poco a poco.

Guerra contra la humanidad

La enfermera jefe eslovena dimite y muestra a los periodistas que los frascos de las vacunas contienen códigos: 1 = placebo (para cifras conocidas), 2 = la inyección de ARNm, 3 = contiene el gen ONC que daría cáncer a todo el mundo en 2 años.

Los viejos tiempos han sido revividos y se les ha dado un nuevo aspecto, ya que cientos de miles de padres en todo el mundo están dispuestos a sacrificar a sus propios hijos en el altar de las variantes modernas de Baal y Moloch. La guerra global de Pfizer contra los niños, de los que se abusa como (supuestos) "escudos" humanos inyectándoles sustancias experimentales que ponen en peligro su vida, - ha llegado ahora también a Israel y Canadá, donde se inyecta a niños de tan sólo 5 años.

En muchos países, millones de europeos salieron a la calle en las últimas semanas para protestar contra todas las medidas de Covid, pero sin una disposición masiva a la acción, estas manifestaciones no tienen sentido. Por acción no nos referimos a la violencia, por supuesto, sino simplemente a un rechazo total y firme a cooperar con todas estas medidas de apartheid que violan los derechos civiles y humanos, restringen la libertad y dañan la salud.

Como es sabido, vengo reclamando esto desde el año pasado. Por lo tanto, estoy totalmente de acuerdo con el redactor Brian Shilhavy (Health Impact News), que escribe que "estoy seguro de que los tiranos globalistas que avanzan a toda máquina hacia su objetivo de obligar a la población mundial a ser esclava y reducir su número se están riendo de ustedes, ya que evidentemente ninguno de ustedes se dirige a estos tiranos".

Nadie hace nada para salvar a los niños

A medida que estas protestas crecen en número y alcance, los niños están siendo abusados y potencialmente asesinados en las cárceles, escuelas e iglesias", continuó. Sigo esperando que estas enormes multitudes abandonen las calles y se dirijan a estos centros de exterminio, que podrían cerrar tan fácilmente con semejante número de personas. Pero todo lo que veo son vídeos de padres felices que abusan e intentan matar a sus propios hijos, con el cerebro lavado por un culto a la vacunación que devora a sus hijos. Y nadie interviene para detenerlos y salvar a los niños".

Si quiere saber lo que le espera a un número considerable (y quizás incluso muy grande) de estos niños pequeños, sólo tiene que ver algunos ejemplos de niños y adolescentes que sufrieron graves daños en su salud o murieron tras ser inyectados con estas inyecciones experimentales de manipulación genética. Sus padres están ahora terriblemente arrepentidos, en parte porque muchos se dan cuenta de que podrían y deberían haberlo sabido:

Sólo los "covidiotas" se niegan a sacrificarse y a sacrificar a sus hijos

Yo mismo soy padre, y consideraría cualquier aguja que se acercara a mi hijo, y también cualquier obligación de hacerlo, como un intento directo de asesinato, y por lo tanto haría todo lo que estuviera en mi mano para impedirlo.

Pero aparentemente eso me convierte en un pelele en el año 2021, y sumos sacerdotes como Bill Gates, Anthony Fauci, el Papa Francisco y en mi propio país, por ejemplo, Hugo de Jonge y Ab Osterhaus, me dicen que debería alegrarme de que se me permita sacrificar no sólo a mí, sino también a mi hijo bajo el falso disfraz de "salud pública" a las Grandes Farmacéuticas como Pfizer y Moderna, los Baales y Molochs de nuestro tiempo.

¿Qué pasa con la fascinación milenaria e inerradicable de las personas, los pueblos y las religiones completas por el sacrificio y (permítanme) el asesinato de otras personas e incluso de tu propia descendencia para complacer a los llamados "dioses", para que tú mismo obtengas la "absolución" y quizás una "vida mejor" (en este caso recuperar tu libertad arrebatada)?

Enfermera jefe eslovena: los frascos de vacunas contienen códigos

Que estas personas se inyecten primero a sí mismas y a sus propios hijos y familiares antes de exigirlo a los demás (lo que, por cierto, nunca debería ser una opción de todos modos). Sin embargo, una parte independiente debería ser capaz de garantizar que a estas conocidas figuras no se les administre secretamente solución salina, como ocurrió en 2009 durante el brote de gripe porcina en Alemania, y según una (presunta) enfermera jefe de Eslovenia también se hace ahora a escala masiva en ese país (y por tanto posiblemente en otras partes de Europa).

Esta enfermera jefe del Centro Médico Universitario de Liubliana dimitió y dijo a la cámara que los viales de la "vacuna" Covid-19 contendrían tres códigos. Los viales con un código que termina en 1 contienen un placebo, una solución salina, y están destinados a personajes conocidos de la política, los medios de comunicación, los negocios*, etc. No se permite que enfermen y mueran, por supuesto, porque eso asustaría al pueblo llano.

Los frascos marcados con un 2 contienen la vacuna de ARNm, y en los frascos marcados con un 3 se ha puesto el gen ONC que estimula el subdesarrollo del cáncer. Según la jefa de enfermeras, cualquiera que haya recibido el "número 3" desarrollará cáncer en un plazo de 2 años. (Hemos esperado un poco con esta historia, ya que hay muy pocas fuentes directas disponibles, y también no se puede confirmar (todavía) lo que se dice exactamente en el vídeo).

(* Los empleados de BioNTech, socio de Pfizer, no se vacunan con su propio producto de todos modos por "razones de seguridad". Pero para ti es aparentemente lo suficientemente "seguro" como para imponértelo bajo la amenaza de exclusión y otras sanciones...)

Así que date prisa y haz cola para tu inyección de refuerzo, porque ¿quién no quiere esto?

¿Ivermectina?

Después de que el estado indio de Uttar Pradesh (con una población de 241 millones de habitantes) haya podido ser declarado recientemente libre de cóvida gracias a la ivermectina, ahora también Japón ha vencido a la enfermedad gripal con la ayuda de este medicamento, conocido y probado como seguro desde hace décadas, que estaba estrictamente prohibido en Occidente precisamente porque puede acabar con la enfermedad p(l)andémica en muy poco tiempo.

Los principales medios de comunicación controlados por las grandes farmacéuticas, que desde el año pasado han condenado prácticamente todos los medicamentos existentes que ayudan a los pacientes de Covid probados a recuperarse porque los políticos se habían limitado a designar "la vacuna" como la única "solución", afirmaron, por supuesto, que el uso de protectores bucales y la introducción de vacunas habían frenado el Covid en Japón, e ignoraron el hecho de que todas las medidas restrictivas no habían funcionado en un solo país. De hecho, poco después del inicio de las inyecciones, el número de muertos y enfermos empezó a aumentar bruscamente en todas partes.

En Japón, el número de víctimas se redujo
drásticamente después de que el director de la
Asociación Médica de Tokio pidiera a todos los médicos,
a finales de agosto, que empezaran a dispensar
Ivermectina (en contra de los dictados de la OMS=Bill
Gates). ¿Resultado? En la capital japonesa todavía había
6000 (supuestos) "casos" en agosto. A finales de
septiembre, sólo había menos de 100.

La agencia de prensa AP tuvo que dar vueltas y vueltas
para atribuir el "desconcertante éxito repentino" en
Japón a unas medidas que no habían funcionado, o
incluso habían sido contraproducentes, durante más de
un año. La relación directamente demostrable con la
autorización de la ivermectina fue completamente
ignorada.

Vacuna=Covid

El 20 de agosto de 2020, sin vacunas, hubo 832 nuevos
"contagios"; un año después, hubo 22.301, con casi el
70% de la población inyectada en ese momento. La
media de muertes diarias era CINCO veces mayor que
un año antes. El número de pruebas positivas
(independientemente del sentido de la palabra)
descendió del 25% en agosto al 1% a mediados de
octubre.

Ya lo predijimos el año pasado, al igual que la falsa
culpabilización de las personas no vacunadas por la
creciente ola de enfermos y muertos, y la completa

inversión de los hechos en los hospitales, donde deliberadamente NO se permite contar con los pacientes vacunados precisamente porque están vacunados, y hay que mantener la mentira de que entonces ya no se puede tener Covid grave. ¿La realidad?

En todo el mundo, los médicos y los trabajadores de la salud están observando esto, pero los que hablan públicamente de ello son casi todos suspendidos o despedidos inmediatamente, o renuncian ellos mismos porque no quieren seguir cooperando con este monstruoso engaño (véase también 11-10: Dimite un médico de urgencias canadiense: 'Al menos el 80% de los pacientes están totalmente vacunados' y 25-08: Un hospital norirlandés despide a un médico tras revelar que casi todos los enfermos graves están vacunados).

Recientemente, la CNN ha tenido que apretar los dientes y admitir que es falsa la afirmación, adoptada indiscriminadamente por los principales medios de comunicación, de que la ivermectina es un "antihelmíntico para caballos" y que no es adecuada para los humanos. La ivermectina se ha recetado a millones de personas durante décadas con gran éxito y sin apenas efectos secundarios. Así que ahora Japón - que, gracias a la prudente administración de vacunas, tiene la segunda tasa de mortalidad infantil más baja de todo el mundo desarrollado*- dispone de un medicamento muy seguro y exitoso para combatir los virus respiratorios como la gripe y la corona que se repiten cada invierno.

(*Esta relación se ha demostrado en todas partes.
Japón: 12 dosis de vacuna, mortalidad infantil 2,79 por
1000 / Países Bajos: 24 dosis de vacuna, mortalidad
infantil 4,73 por 1000 / Estados Unidos: 26 dosis de
vacunas, mortalidad infantil 6,22 / 1000. En resumen:
Más vacunas = MÁS niños muertos).

Compañeros también curados por la Ivermectina

A pesar de que el tratamiento del Covid con Ivermectina
está brutalmente reprimido (el médico de cabecera es
multado con 150.000 dólares, las aduanas interceptan
los paquetes con Ivermectina encargados en el
extranjero), también aquí se han curado personas.
Susanne Heijmans incluso estuvo enferma en fase
terminal, pero se recuperó por completo después de
que se le administrara Ivermectina.

La ANBB considera sorprendente que el NHG
(asociación de médicos generalistas) siga emitiendo un
consejo negativo para la Ivermectina a pesar del gran
éxito demostrado en decenas de países, y solicitó al
NHG el 26 de octubre que ajustara este consejo a
"neutral".

Pero evidentemente los políticos no quieren una
población sana y parecen seguir presionando al NHG.
Una de las razones subyacentes importantes para
prohibir la ivermectina en Europa es que la autorización
de emergencia para las inyecciones experimentales de
Covid caduca legalmente en cuanto haya otros

medicamentos de eficacia probada. Las "vacunas" no podrán aplicarse a partir de entonces, y ese es precisamente EL objetivo.

Otras experiencias de Europa con Ivermectina, incluyendo el protocolo del Dr. Zelenko (Bromhexina, Quercetina, vitamina D y C, zinc):

* Una mujer muy enferma de 1970 se cura con Ivermectina, un "shock en sentido positivo";

* Pareja de Drenthe (40 y 42 años, el marido bastante enfermo con fiebre alta) curada en pocos días con el protocolo Ivermectin/Quercetin);

* Un hombre de 56 años comienza a usar Ivermectina en su tercera semana de enfermedad, y mejora a los 3 días;

* Un joven de 17 años sufrió varios problemas de salud (incluidos los pulmones) por la corona (que esta persona había tenido en marzo) a partir de octubre de 2020; empezó a tomar Ivermectina (y vitaminas/suplementos) a finales de julio de 2021, y se recuperó completamente en un mes;

* La abuela de 80 años se contagió de Covid en septiembre, por suerte ya tenía Ivermectina y azitromicina en casa, que empezó a tomar cuando tuvo fiebre. Al cabo de 10 días ya estaba paseando con sus nietos en un parque de atracciones.

El marido curó a la mujer: "En Europa, otros intereses juegan un papel

* Mujer muy enferma en 5 días se recuperó en un 95% gracias a la Ivermectina. Su marido escribe:

'Me parece extremadamente chocante que una farmacia de la UE, sin informarnos de ello, se negara a poner a nuestra disposición el medicamento prometido (Ivermectina) y que esto no causara ningún problema fuera de los Países Bajos.'

'No tengo ninguna fe en la "ciencia médica" occidental y su política de prohibir el tratamiento preventivo o precoz por parte de los médicos de cabecera, mientras que fuera de las fronteras de la UE esto no supone ningún problema. Sólo puedo concluir que otros intereses juegan un papel en los grupos de interés y VWS, con el resultado de que el tratamiento adecuado de los pacientes de Covid-19 sólo comienza con la hospitalización. No es de extrañar que los hospitales estén llenos".

Golpe de estado de la tarjeta QR/vax

Esos hospitales (sobre)llenos definitivamente no están ahí, en mi convicción personal, exactamente lo que el gobierno parece querer*, porque con eso se puede dar un argumento extra (falso) para impulsar las inyecciones obligatorias de manipulación genética Covid-19 para todos.

Además, los regímenes locales están llevando a cabo el dictado de la UE de imponer un código QR/identificación digital inconstitucional a todos los ciudadanos para finales de 2022, que acabará definitivamente con todas nuestras libertades, derechos y privacidad. La ivermectina marcaría la culminación de este golpe de estado tecnocrático-comunista de código QR/vaxpas que se está llevando a cabo contra nuestra sociedad.

¿La verdad?

... ¿o se trata de otra distracción del hecho cada vez más doloroso de que son las propias inyecciones de Covid las que causan enfermedades y muertes masivas?

Rendido el año pasado como una teoría conspirativa de "wappies", pero ahora reconocido abiertamente por el CDC de EE.UU.: el coronavirus SARS-CoV-2 que supuestamente causa el Covid-19 es un virus quimera, y por lo tanto puede haber sido creado única y exclusivamente en un laboratorio. Además, según el CDC, esto también se aplica al SARS-1, sobre el que se causó un gran pánico a principios de este siglo, pero que también resultó ser una tormenta en una taza de té. Hace poco escribí que los chinos lo sabían desde hace tiempo y que interpretaron el SARS-1 como un ataque biológico occidental. Por lo tanto, habrían desarrollado planes avanzados, posiblemente ya en curso, para derrocar el imperio occidental Rothschild-Rockefeller.

'Hoy, la División de Agentes y Toxinas Selectas de los Centros para el Control y la Prevención de Enfermedades (CDC) ha publicado una Regla Final provisional que permite que los virus quiméricos SARS-CoV/SARS-CoV-2, resultantes de cierta manipulación deliberada del SARS-CoV-2 para añadir nucleótidos (ácidos) que codifican los factores de virulencia del SARS-CoV, se incluyan en la lista de agentes y toxinas selectas del HHS. Además, el trabajo para crear este virus quimérico es un "experimento secreto" y requiere la aprobación previa de los CDC antes de realizarlo.

¿Una quimera (virus)?

Según el Van Dale, una chim(a)era es un "animal o planta con características genéticas de dos razas o especies diferentes, que se ha producido por la mezcla artificial de células de dos embriones respectivamente por injerto". (énfasis añadido). Una quimera (con mayúsculas) es un "monstruo mitológico (griego) que escupe fuego, con cabeza de león, cuerpo de cabra y cola de serpiente".

El derivado relacionado con quimera es un 'sueño, quimérico'; quimérico se describe como 'monstruoso, quimérico'. Si algo ha demostrado ser una quimera ('algo que existe o es posible sólo en la imaginación') en los últimos dos años, es la pandemia de la corona. Incluso el reputado British Medical Journal admitió recientemente que esta "pandemia" sólo existe en la pantalla de televisión y en el tablero de mandos de la corona.

Y no hay que olvidar al presidente de I+D del fabricante de vacunas Novavax, que reconoció ante las cámaras de la CNN que no tenía acceso al virus Covid, sino que sólo tenía un modelo digital del mismo (!!!). Esto también fue una teoría conspirativa 'wappie' en 2020 y 2021, ¿recuerdan? Todos esos 'Famosos' de la televisión que creyeron que debían contribuir a sembrar sin tapujos el odio contra las personas que se atrevían a afirmar cualquier cosa que no fuera que Corona es un terrible virus asesino, y que por tanto todos deberíamos ser inyectados con sustancias experimentales de manipulación genética ad infinitum, cuyas consecuencias, a menudo muy graves, nunca podrán ser deshechas?

Prohibición de la investigación libre: ¿qué no pueden descubrir los científicos?

El CDC ha sabido desde el principio que la historia sobre el coronavirus procedente de un mercado chino de pescado/carne (la infame sopa de murciélagos) era una pura tontería. Esto subraya una vez más el hecho de que todos los gobiernos deben haber sabido esto también, y por lo tanto los medios de comunicación difundieron deliberadamente una mentira descarada al respecto a lo largo de 2020. No en vano el CDC ha declarado ahora "secreta" (restringida) la investigación sobre el SARS-1 y el SARS-2, por lo que ahora se requiere un permiso especial.

El gobierno de Estados Unidos quiere impedir que los científicos descubran la verdadera composición de estos virus y, por tanto, que averigüen quién o dónde se crearon estos patógenos artificiales. ¿O tal vez descubrir que el gobierno no posee estos virus en absoluto, y que de hecho sólo existen "en el papel"?

Por supuesto, Facebook bloqueó inmediatamente al grupo Wikileaks-Italia que publicó esta información, supuestamente porque podría causar "violencia física".

Y tal vez sea cierto esta vez, porque cuando millones de personas se despiertan y descubren que han sido masivamente estafadas por sus propios administradores y medios de comunicación, y que han sido miserables durante dos años para absolutamente nada, no es inconcebible que un pueblo quiera vengarse por sus vidas y futuros jodidos.

'Así que mundo, ¿qué vas a hacer con esto?'

Así que mundo, ahora que sabes que el SARS-CoV-2 fue creado en un laboratorio, y ahora que sabes que fue el gobierno el que financió la creación del SARS-CoV-2, desencadenando el brote de Covid-19 que ha matado a millones de personas, arruinado economías y negocios enteros, aplastado las finanzas personales de la gente, dañado a los niños a través del aislamiento social - ¿qué vas a hacer al respecto?" escribe el presentador de radio estadounidense Hal Turner.

¿O es un bioataque contra ti mismo por parte de tu propio gobierno algo que simplemente dejarás pasar? ¿Es la muerte de tus familiares por un virus financiado por el gobierno algo que simplemente aceptas, sin hacer nada al respecto?

Ahora bien, ¿y si este bioataque es ligeramente diferente, y el síndrome específico de Covid-19 no está causado por un (supuesto) virus, sino por las propias inyecciones, como sugerí el año pasado? (Después de todo, el síndrome Covid -incluidas las estadísticas- era perfectamente coherente con una gripe normal, hasta que un gran número de personas se había inyectado, y de repente más y más personas cayeron por trombosis, hemorragias cerebrales, enfermedades cardíacas, trastornos autoinmunes, etc.

¿Un levantamiento popular planificado para allanar el camino hacia un gobierno mundial?

¿Y está Turner pidiendo aquí algo que, según algunas fuentes, los más altos niveles de la élite globalista están realmente buscando, a saber, un levantamiento masivo mundial contra los gobiernos actuales, de modo que el caos que se produce cuando son eliminados por la fuerza se aprovecha para presentar un gobierno mundial como la "gracia salvadora"?

En otras palabras: ¿los traidores de su propio pueblo - por parte de líderes sin escrúpulos que, como ocurrió hace dos días en Ámsterdam, llegan incluso a hacer que los manifestantes pacíficos sean deliberadamente emboscados y golpeados por el M.E.- pronto serán ellos mismos traicionados por sus grandes amos entre bastidores? ¿Están los gobiernos y los parlamentos sacrificando ahora a sus propios ciudadanos por la Agenda-2030 / el Gran Reset ("Reconstruir mejor"), sólo para acabar ellos mismos en el altar del sacrificio, junto con los grandes líderes de los medios de comunicación que han estado difundiendo mentiras sobre cuestiones importantes durante años?

Esperemos que "nuestros" dirigentes entren en razón a tiempo y vuelvan a ponerse del lado de sus pueblos, antes de que sea definitivamente demasiado tarde para ambas partes.

El director general: "Está muriendo un número enorme, sobre todo personas de entre 18 y 64 años" - *"La mayoría no se declaran víctimas de Covid" - "Un aumento del 10% sería una catástrofe que se produce una vez cada 200 años, y no digamos el 40%*

La principal aseguradora estadounidense, OneAmerica, ha dado una noticia impactante: la tasa de mortalidad de las personas pertenecientes a la población activa (de 18 a 64 años) ha aumentado un asombroso 40% respecto a los niveles normales previos a la pandemia. 'Actualmente estamos viendo las tasas de mortalidad más altas de la historia de esta industria, y no sólo en OneAmerica', dijo el director general Scott Davison en una conferencia de prensa online. 'Con todos los actores de este ramo, los datos son consistentes'.

OneAmerica (con unos ingresos anuales de 118.000 millones de dólares), con sede en Indianápolis, existe desde 1877 y cuenta con las calificaciones más altas del sector de los seguros. El director general Davison subrayó que está muriendo un "número enorme, enorme" de personas, "principalmente en la población en edad de trabajar, de 18 a 64 años". ¿Cuándo comenzó ese aumento masivo? En el tercer trimestre, cuando la mayoría de los estadounidenses acababan de recibir sus vacunas Covid.

Para que se hagan una idea de la gravedad de la situación: un cálculo estadístico de tres sigmas, o una catástrofe que ocurre una vez cada 200 años, supondría un aumento del 10% sobre los niveles anteriores a la pandemia. Así que un 40% es inaudito". La mayoría de las reclamaciones realizadas, por cierto, no se refieren a las muertes por Covid-19, a pesar de que el gobierno estadounidense está operando con el mismo engaño demostrado de "contaminación" que en Europa para informar del mayor número posible de víctimas de Covid.

Vaxxicida

El año pasado informamos ampliamente sobre los numerosos científicos, médicos y otros expertos de alto nivel que advirtieron de una enorme oleada de enfermos y muertos como consecuencia de las inyecciones de manipulación genética Covid. Las nanopartículas de óxido de grafeno y las proteínas de punta creadas por estas "vacunas" llegan a todos los órganos y provocan, entre otras cosas, trastornos autoinmunes, coágulos sanguíneos, hemorragias cerebrales, infartos y otras enfermedades cardíacas, que ahora han afectado a muchos cientos de atletas profesionales en todo el mundo, y que ahora están afectando a más y más niños.

Ahora se ha demostrado científicamente que las "vacunas" Covid debilitan gravemente el sistema inmunitario humano y lo dañan permanentemente en muchos casos. Las "vacunas de refuerzo", de las que el ministro Hugo de Jonge compró rápidamente 6 -y que preferiría que nos inyectaran a todos- serán, por tanto, muy probablemente el golpe final. En resumen: el genocidio de la vacunación, o vaxxicidio, como lo llamamos desde hace tiempo, parece haber comenzado realmente.

Deagel: 2/3 de la población de EE.UU. y Europa desaparecerán en 2025

Durante años me he preguntado por qué el sitio de inteligencia militar Deagel -del que nos hemos ocupado unas cuantas veces a lo largo de los años- estaba tan seguro de informar en sus análisis de que entre 1/3 y a veces 2/3 de la población de Estados Unidos y Europa habrá desaparecido en 2025. También para los Países Bajos, las proyecciones (desde este año desconectadas) (en 2016) eran aterradoras: nuestra población disminuiría en unos 6,4 millones de personas en los próximos años:

¿Quizás no era una previsión en absoluto, sino un "objetivo" de la Agenda-2030 / Gran Restablecimiento, que nuestros administradores están ahora tratando de cumplir mediante la imposición y aplicación de inyecciones que amenazan la vida? Es una teoría de la conspiración, seguro, pero ¿cuántas "conspiraciones" han resultado ser la verdad sólo desde 2020?

Antorchas y horcas

Pido antorchas y horcas en 2022", escribe el presentador de radio estadounidense Hal Turner. Y eso, según un multimillonario anónimo de Nueva Zelanda, es exactamente lo que pretenderían las más altas esferas de la élite globalista, es decir, que los pueblos enfurecidos -los vaxxers que están enfermando y muriendo en masa, junto con los no vaxxers que están viendo cómo sus países son destruidos deliberadamente- se vuelvan contra sus propios gobiernos al unísono y lo cancelen. El caos total resultante se utilizaría entonces para presentar un "gobierno mundial" que restauraría el orden y acabaría con toda la miseria.

Todavía no es posible decir si hay algo de verdad en esta "conspiración", pero hasta ahora se está procediendo exactamente según el supuesto escenario. En cualquier caso, el periodo 2022-2025 va a ser de una intensidad sin precedentes, para todos. Por lo tanto, deseo a todos los lectores un Año Nuevo SEGURO. Y manténganse (en la medida en que esté a su alcance) SANOS - a estas alturas ya saben lo que tienen que hacer para conseguirlo, y sobre todo: lo que tienen que dejar de lado.

¿Humo y espejos?

Se confirma el fin del ciclo de 12.000 años: "La tierra temblará desde su lugar" (Isaías 13) se hace realidad dentro de 15 a 20 años (pero posiblemente tan pronto como 2 a 8 años)

Las señales en nuestro propio sistema solar son asombrosas: la "tormenta negra" en Neptuno se ha invertido; el planeta enano Plutón ha perdido el 20% de su atmósfera en sólo 2 años, y los grandes cambios en la famosa "mancha roja" de Júpiter muestran que el próximo movimiento de onda cósmica de la "hoja de corriente galáctica" electromagnética, del que ya hablamos, no sólo ha llegado sino que se está acelerando hacia su clímax. El campo magnético protector de nuestro planeta está disminuyendo ahora tan rápidamente que en 20 años como máximo, pero muy probablemente mucho antes (2030 / 2025 o incluso antes), será el fin de la historia para la humanidad. Nota: esto ya no es una "teoría de la conspiración", sino el inevitable futuro cercano apoyado por hechos científicos.

Desde hace algún tiempo sigo el canal de YouTube 'Suspicious Observers', dirigido por un académico que se basa en las investigaciones científicas de reconocidos investigadores, a los que regularmente se les da la palabra. Un nuevo docu-film de hora y media de duración, 'The Earth Disaster Documentary', cita y resume elementos clave de muchas decenas de vídeos anteriores. Aunque lo he cubierto más veces (ver, entre otros: Los científicos advierten de una ola cósmica Y una súper erupción solar en 2023 - (30 de junio)), ahora hay suficientes pruebas para concluir que el "fin del mundo", el "Apocalipsis", que se ha predicho erróneamente tantas veces, está ahora realmente muy cerca.

A principios de siglo, la NASA confirmó que el campo magnético de la Tierra había disminuido un 10% en unos 150 años. A ese ritmo, tardaríamos mucho tiempo en tener problemas. Pero tan sólo 10 años después, los colegas europeos de la ESA descubrieron que había desaparecido otro 5% en ese corto periodo de tiempo, por lo que se produjo una gigantesca aceleración. En 2020, el descenso total era ya de al menos un 20%. Hay claros indicios de que ahora va tan rápido que el campo magnético está perdiendo un 5% de su fuerza cada año ahora o en un futuro próximo.

Trágicamente, vamos a ver La Grande.

Trágicamente, nosotros, los que vivimos ahora, somos los que experimentaremos 'The Big One'", comienza diciendo Ben Davidson, que en los últimos años ha sido objeto de varios intentos de desprestigio, pero a quien las últimas investigaciones de los científicos de sistemas y de las revistas profesionales están dando rápidamente la razón.

Las ondulaciones de la "hoja de corriente galáctica" electromagnética, a la que nos enfrentamos cada 12.000 años.

(Según él, la única razón por la que este tema se denomina pseudociencia se debe principalmente al agente de la CIA Charles Hapgood, que durante años se hizo pasar por profesor, y se las arregló para sacar de la mesa siglos de estudios y un vagón cargado de pruebas, y sustituirlo por la ahora desacreditada "realidad" científica prescrita. Esto fue diseñado descaradamente para mantener a la población mundial en la ignorancia).

Davidson habla del fin del ciclo cósmico de 12.000 años, tras el cual siempre se produce el siguiente "fin del mundo". 'Y eso no es ciencia ficción. TODOS somos los actores clave' del 'guión del desastre' que viviremos en los próximos años. 'Y el sol está jugando el papel de destructor'. Davidson subraya que todas las pruebas apuntan a que una "micronova" solar es una "consecuencia casi inevitable" del viaje del sistema solar a través de la Vía Láctea.

Las rápidas inversiones de los polos pusieron el clima patas arriba

Una inversión de los polos magnéticos puede producirse en 80 años (Cal. Berkeley). La inversión actual, establecida de forma concluyente, comenzó hace más del doble de tiempo. El planeta se encuentra ahora en la "zona roja", donde este proceso se está acelerando hacia un clímax. Ese clímax es la inversión final propiamente dicha, que en el pasado lejano fue tan repentina y poderosa que los registros fósiles han mostrado animales congelados de pie, y restos de plantas frescas encontradas en sus estómagos.

Algunos de los muchos otros ejemplos: Se han encontrado corales tropicales bajo la Antártida, lo que demuestra que el Polo Sur no siempre ha estado en ese lugar. (También hay mapas muy antiguos que muestran la Antártida sin cobertura de hielo). Se ha descubierto que los árboles prehistóricos congelados en Spitsbergen (Noruega) no tienen anillos, y sólo hay un lugar en la Tierra donde no hay estaciones: alrededor del ecuador. A una milla por debajo de la capa de hielo de Groenlandia se han encontrado plantas pertenecientes a un clima templado, lo que sugiere que el hielo de ese lugar se derritió por completo en su día. También se han encontrado huevos de dinosaurio en el Ártico (lo que es imposible para los animales de sangre fría, a menos que el clima fuera muy diferente en el pasado).

Cada 10.000 a 12.000 años un evento de nivel de extinción

El Pentágono sabe desde 1946 que durante una inversión de los polos "magnéticos" el eje de la Tierra se inclina 89 grados y luego se "invierte" durante un largo período de tiempo. Esta inclinación no sólo provoca un enfriamiento global y una nueva edad de hielo, sino también enormes cambios geográficos; las montañas son literalmente arrancadas de su lugar y se forman otras nuevas en otros lugares. De las perforaciones de los núcleos de hielo y del suelo se desprende un ciclo de 10.000 a 12.000 años, tras el cual tal inversión polar sacude literalmente todo el planeta hasta sus cimientos, y prácticamente toda la vida desaparece.

Una micronova -cuya existencia (en numerosas estrellas) está confirmada en el docu por el Dr. August Dunning de CalTech (ex-NASA, ex-JPL)- puede detener temporalmente o incluso invertir la rotación de la tierra, como se describe en la Biblia y se registra en numerosas otras culturas antiguas. Los antiguos escritos peruanos hablan de una noche que duraba 20 horas (mientras que en la Biblia, es decir, en Israel, hay relatos de lo contrario, es decir, un día que duraba mucho más de lo normal).

Una conocida profecía del fin de los tiempos de los indios Hopi afirma que una "estrella azul" en el cielo anunciará el fin del mundo actual.

El campo magnético ya ha disminuido al menos un 20%.

El campo magnético ha disminuido al menos un 20%. El polo norte y el polo sur (que ahora ha abandonado el continente de la Antártida) se están acercando el uno al otro a una velocidad cada vez mayor. "No se trata de un desplazamiento normal de los polos, sino de una verdadera inversión", continuó Davidson, señalando que la disminución es ahora de al menos un 5% por década, y el líder de la misión "Swarm" de la ESA, Rune Floberghagen, lo reconoció ya en 2014 (lo que le costó su puesto).

El punto probable en el que los polos "colisionarán" es justo al oeste de Indonesia (muy cerca del último punto en el que el radar aún tenía contacto con el vuelo MH370, antes de que desapareciera sin dejar rastro en 2014)

El Dr. James Channell, profesor honorario de doctorado de la Universidad de Florida, confirma que la existencia de estas "excursiones magnéticas" está ya ampliamente reconocida en la literatura científica. Estos desplazamientos e inversiones magnéticas 'son de muy corta duración', y van acompañados de un campo magnético debilitado. 'Y entonces se produce una radiación ultravioleta más potente' en la Tierra.

¿Saben los gobiernos más de lo que nos cuentan?

Davidson: "¿Saben más los gobiernos de China y Estados Unidos? Toda la información que comparto en este canal ha sido publicada en las principales revistas científicas, admitiendo que yo mismo he conectado estos puntos, y he tratado de llenar los vacíos que faltaban con los recursos que los investigadores no han tenido en el pasado. En cualquier caso, parece seguro que la CIA lo descubrió hace décadas".

'Se trata de sobrevivir, y esa es la única buena noticia que puedo aportar a este documental. De hecho, hay pruebas de que la población se retiró en masa a cuevas y túneles. Varias veces, de hecho. El hecho de que estemos aquí ahora demuestra que hemos sobrevivido, y que hemos vuelto a la superficie'.

Que después de la Segunda Guerra Mundial se construyó en Estados Unidos una enorme red subterránea de túneles y bases, mucho más compleja y grande de lo que los militares podrían necesitar, es de dominio público (véanse estos mapas no oficiales. Por cierto, la existencia de muchos de los complejos subterráneos que se muestran aquí (presumiblemente sólo una fracción de lo que se construyó) ha sido confirmada por el gobierno).

Douglas Vogt (Fundación Diehold), que lleva años escribiendo, basándose en investigaciones censuradas, que habrá una nova en el sol en 2046: "El gobierno estadounidense sabe que el sol se va a convertir en una nova, de eso no hay duda. Sólo quieren que no lo sepas... Dan desesperadamente todas las demás explicaciones posibles (especialmente el bulo del CO2/cambio climático - X.) sólo para que no mires al sol.'

Se confirma el catastrofismo en la Tierra y en el sistema solar

Especialmente desde el año pasado, están apareciendo numerosos estudios y trabajos nuevos que empiezan a confirmar las teorías del "catastrofismo" de Davidson. En el docu se muestran varios ejemplos de ello, como un estudio de la Universidad de Leiden (Observatorio de Leiden) que afirma que los planetas pueden sobrevivir incluso a una supernova (por no hablar de una micronova). Hace un año, otros científicos señalaron que la duración de un día se ha "acortado" literalmente: la rotación de la Tierra ha aumentado hasta el punto de que en 2020 se midieron los 28 días más cortos desde 1960. En 2021, esa aceleración continuó.

Además de los grandes acontecimientos repentinos en los planetas de nuestro sistema solar (el "vórtice oscuro" de Neptuno que se ha invertido, la disminución del 20% de la atmósfera de Plutón y los importantes cambios químicos (de helio) en el viento solar), también hay numerosas señales visibles en la Tierra, como los 2 millones de descargas de rayos contabilizados en Michigan el año pasado, un tercio más de lo normal. Han surgido informes similares en lugares de todo el mundo, como la región del Ártico, donde la energía solar puede entrar en la atmósfera más fácilmente. También se han observado dos nuevos tipos de descargas de rayos sobre regiones montañosas y en tormentas de invierno.

Algunas partes del mundo animal son mucho más sensibles a los cambios magnéticos. Por ejemplo, en agosto, las orcas cerca de España mostraron un comportamiento inusualmente agresivo al atacar y dañar en masa a los barcos en aguas a las que normalmente no suelen acudir.

Señales y pruebas de que el "próximo Fin del Mundo" ha llegado

Y qué decir del artículo de Science del 19 de febrero de 2021 "Una crisis climática global hace 42.000 años", que sostiene que ahora estamos en la próxima crisis (no gracias a la acción humana, sino al sol). Los cambios de patrón apuntan a un clímax en sólo 20 o 30 años (como máximo). 'Casi todos los puntos principales de nuestro libro 'El próximo fin del mundo' fueron confirmados o explorados más a fondo en 6 meses. Las estrellas cercanas, los planetas (por ejemplo, se midió un número sorprendentemente alto de terremotos marcianos), el sol, nuestro propio planeta, todo ello exige nuestra atención.'

El año pasado vimos auroras extraordinarias, grandes desprendimientos de tierra (de los que se intentó culpar a los agricultores), pruebas de que el brillo de la estrella vecina de Barnard no fue modificado por un planeta (como se había afirmado anteriormente), sino por cambios en la propia estrella, y pruebas de superflores de otra "vecina" del Sol, Wolf 359. En la década anterior, vimos fenómenos violentos similares en el sistema de Próxima Centauri, la estrella más cercana al Sol (4,2 años luz).

Numerosos estudios sugieren que la disminución del campo magnético ya está provocando cambios importantes en todas las capas de la atmósfera (como el rápido debilitamiento de la capa de ozono), a pesar de que la actividad del propio sol ha disminuido realmente (mínimo solar). Un estudio del EPP (Earth & Planetary Physics) también relacionó directamente los cambios en el CO_2 con el debilitamiento del campo magnético, la causa REAL del "cambio climático".

(Nota interesante: según un nuevo estudio, la cantidad de agua bajo la capa superior de la corteza terrestre es inimaginablemente mayor de lo que se pensaba. Esto podría explicar a dónde fue a parar el agua del Diluvio).

Los científicos "ya saben lo que se avecina

¿Cuál es la razón por la que los modelos de catastrofismo de Davidson, desechados durante años, son ahora estudiados de forma tan amplia y seria, y confirmados (en todo o en parte) por científicos de primera fila y por las principales instituciones de investigación? Dos respuestas. Una: cada vez son más los científicos que ven la luz y empiezan a entenderlo. Estoy en contacto semanal con docenas de ellos, que trabajan en numerosas universidades y organizaciones. Saben lo que viene. Saben lo que pueden publicar ahora. Ahora hay un reconocimiento abrumador".

La segunda razón eres tú. Tú estás provocando estos cambios'. Los investigadores y las revistas se interesaron a medida que un número cada vez mayor de personas querían saber más sobre este tema, empezaron a ver los vídeos en masa, a leer los estudios al respecto y a compartir la información entre ellos y con los demás.

A una disminución del 5% anual = el final entre 2025 y 2030, posiblemente incluso antes

Una simulación de la NASA muestra cómo reaccionarán ante una supertormenta solar los llamados campos magnéticos L (los campos magnéticos más pequeños que se extienden a menor altura, el más bajo de los cuales ha disminuido en 500 kilómetros en sólo un año).

Davidson: "Eso va a ser divertido en la Tierra, ¿no? Además, cada vez hay más estudios en revistas autorizadas que confirman que los cambios polares no se producen de forma silenciosa (como se afirmó durante mucho tiempo), sino que en realidad son siempre E.L.E: Eventos de Nivel de Extinción. Mientras que todos estamos gritando sobre Covid y el cambio climático, esto está sucediendo en todo el mundo. Gente, estamos en un gran problema. Recuerden que la ciencia oficial ahora dice que una vez que sucede, sucede RÁPIDO - casi 100 veces más rápido que el 5% por siglo de la NASA.

Eso es extraordinariamente extremo, y equivale a un descenso del 5% al año, es decir, un 1% cada 72 días. En el mejor de los casos, se necesitan varios años, y eso no es ninguna broma. Con un 5% por década, ya estamos en una reducción del 20% o más. Y si el campo magnético se acelera de nuevo, son muy malas noticias. Es muy probable que en 2019 y 2020 (durante un "choque geomagnético" identificado por Swarm) esa aceleración ya se haya producido.

El punto en el que las distintas líneas de color se dividen es donde nos encontramos ahora. Mi mejor estimación es que acabaremos en algún punto entre la línea naranja y la verde". Eso es entre 2030 y 2046. Nota: eso es cuando el final absoluto es - el colapso de la civilización comienza (mucho) antes, presumiblemente muchos años, sobre todo porque nuestra sociedad se ha vuelto tan dependiente de la electricidad y el campo de debilitamiento (en -50%? tal vez -30%?) ya no será capaz de proteger nuestros sistemas. Eso sitúa el posible fin de nuestra civilización posiblemente tan pronto como (o incluso poco antes) en 2025. Con un poco de suerte, tenemos algunos años más.

Por supuesto, esto nunca se anunciará oficialmente porque causaría un pánico masivo. Lo más probable es que se le llame "teoría de la conspiración" (y se eche la culpa al bulo del CO2/cambio climático) durante el tiempo que haga falta, hasta que el enorme impacto sea innegable.

La élite se atrinchera o escapa al espacio

Desde el 2020 y 2021, todo el mundo con un cerebro que aún funcione se está rebelando contra todo lo que se está haciendo ahora (plandemia de la corona, Agenda-2030, Great Reset, Green New Deal, etc.) para controlar totalmente a la humanidad y mantenerla alejada de la verdad. Esa verdad, por cierto, es bien conocida por la élite; no en vano el hombre más rico del mundo, Jeff Bezos, está cerca de su plataforma de lanzamiento en Texas, ahuecando una montaña para esconderse una vez que el desastre cósmico golpee nuestro planeta.

¿Y por qué Elon 'Tesla' Musk está tan preocupado por exactamente lo mismo: cavar túneles, o simplemente una huida al espacio? El número de multimillonarios y famosos (George Clooney, Lady Gaga, Kim Kardashian, entre otros) que se preparan para comprar y hacer construir búnkeres de supervivencia (que, por supuesto, no los llaman literalmente así) aumenta rápidamente. 'En lo que hacen ves lo que tú harías si tuvieras su dinero, y supieras lo que se avecina'.

'Ojos abiertos, sin miedo', termina Davidson todos sus vídeos. Históricamente, un desastre cataclísmico de este tipo es susceptible de sobrevivir (o no estaríamos aquí ahora), pero serán muy pocos. Además de una costosa y extenuante preparación y acumulación de conocimientos y técnicas para sobrevivir sin electricidad, también hay que tener una vía de escape a un espacio en el subsuelo, donde se pueda estar a salvo durante bastante tiempo. Para el 99% de la humanidad, eso no es realista de todos modos, especialmente porque no habrá tiempo para tomar y ejecutar decisiones drásticas una vez que todo comience.

Las antiguas profecías predicen exactamente lo que está a punto de suceder

Los creyentes y conocedores de la Biblia no deben sorprenderse, pues numerosas profecías predicen todo lo descrito en este artículo:

Pero el día del Señor vendrá como un ladrón. En ese día los cielos pasarán con estrépito, y los elementos perecerán con fuego, y se encontrarán la tierra y las obras que hay sobre ella. (2 Pedro 3:10)

"Haré que los mortales sean más raros que el oro
purificado y los hombres más que el oro fino de Ofir.
Por eso haré que los cielos se tambaleen, y que la tierra
tiemble de su lugar a causa de la ira del Señor de los
ejércitos, en los días de su ardiente cólera. (Isaías 13:12-
13)

'Y los cielos se retiraron como un pergamino que se
enrolla, y cada montaña e isla fue arrancada de su lugar.
Y los reyes... y los superiores... y los ricos y los
poderosos y todos los esclavos y los libres se
escondieron en las guaridas y en las rocas de los
montes...' (Apocalipsis 6:14-15)

Porque así dice el Señor de los ejércitos: 'Un momento
todavía, un corto tiempo, entonces haré temblar el cielo
y la tierra, el mar y la tierra seca'. (Hageo 2:7)

La tierra se abre de par en par, la tierra se estremece
con violencia, la tierra se tambalea terriblemente; la
tierra se tambalea en gran medida como un hombre
ebrio, y se balancea de un lado a otro como una
belladona; porque su transgresión pesa sobre ella; cae y
no vuelve a levantarse". (Isaías 24:19-20)

'Sí, temblarán ante Mí los peces del mar, las aves de los
cielos, las bestias del campo, y todos los animales que
se arrastran por la tierra, y todos los hombres que viven
en la tierra; los montes caerán, los muros de los montes
caerán, todo muro caerá a tierra'. (Ezequiel 38:20)

Sin embargo, la élite puede olvidarse de esto, pero hay esperanza

Y sucederá que el que huya del ruido aterrador caerá en la fosa, y el que salga de la fosa será atrapado en el lazo; sí, se abrirán las compuertas en lo alto, y temblarán los cimientos de la tierra'. (Isaías 24:18)

'Pues bien, ricos, llorad y lamentad las calamidades que os sobrevendrán. Vuestras riquezas están podridas... vuestro oro y vuestra plata están oxidados, y su herrumbre testificará contra vosotros y consumirá vuestra carne como el fuego. Has ido a acumular tesoros, mientras que estos son los últimos días... has vivido suntuosamente en la tierra y te has complacido... has condenado a los justos, sí, los has matado; no hay defensa contra ti". (Santiago 5:1-6)

'En aquellos días sucederá que el Señor traerá la visitación... sobre los reyes de la tierra sobre la faz de la tierra. Y serán reunidos como se reúne a los prisioneros en una fosa, y se les encierra en una mazmorra; y después de muchos días serán visitados.' (Isaías 24:21-22)

Sin embargo, también hay esperanza, ya que el ciclo parece estar llegando a un final definitivo. No habrá otro período de 12.000 años hasta el próximo ELE:

Entonces su voz hizo que la tierra se tambaleara, pero ahora ha dado una promesa, diciendo: Una vez más no sólo haré temblar la tierra, sino también los cielos".

Esto, una vez más, se refiere al cambio de las cosas vacilantes, como de algo meramente creado, para que lo que no es vacilante permanezca. (Hebreos 12:26-27)

Y vi un cielo nuevo y una tierra nueva, porque el primer cielo y la primera tierra habían pasado... y enjugará toda lágrima de sus ojos, y la muerte no será más, ni habrá más llanto, ni clamor, ni angustia, porque las primeras cosas han pasado. Y el que estaba sentado en el trono dijo: He aquí que yo hago nuevas todas las cosas. (Apocalipsis 21)

Por lo tanto, la prometida redención final parece inminente, pero hasta entonces tendremos que prepararnos y perseverar, aparte de que nuestros propios "reyes" están ocupados con sus políticas para hacer de nuestra vida un verdadero infierno en los próximos años.

¿Eutanasia legal?

La vida humana se valora cada vez menos a un ritmo acelerado - *¿Qué le pasa a la humanidad, que se sigue tan masivamente un culto a la muerte?*

El Ministerio de Sanidad de Nueva Zelanda ha confirmado que el Covid-19 es un motivo legal para practicar la eutanasia, y que los médicos pueden decidir por sí mismos si cooperan. A principios de este mes, Suiza fue noticia por el desarrollo de una cápsula suicida, que -en contra de lo que informan los medios de comunicación- aún no ha sido aprobada.

Una señal aún más preocupante de que se está siguiendo un verdadero culto a la muerte en todo el mundo es el hecho sorprendente de que muy poca gente parece preocuparse por los millones de víctimas de la Covid-vax (muertos, discapacitados y enfermos) que han muerto en apenas un año. De hecho, cada vez es más fuerte la petición de que se apliquen obligatoriamente a todo el mundo estas inyecciones que ponen en peligro la vida, especialmente en la política.

En respuesta a una solicitud de WOB del periódico neozelandés The Defender en noviembre, en la que se preguntaba si los pacientes de Covid-19 pueden optar a la eutanasia, el Ministerio de Sanidad respondió que la concesión de dicha solicitud "se determina caso por caso". Por lo tanto, el Ministerio no puede hacer afirmaciones definitivas sobre quién puede optar a la eutanasia. En algunas circunstancias, una persona con Covid-19 puede ser elegible para el suicidio asistido".

Uno de los criterios importantes para la eutanasia en Nueva Zelanda es que el propio solicitante en cuestión experimente su sufrimiento como intolerable. Además, debe haber una "enfermedad terminal", pero ciertamente, a la vista de los acontecimientos desde 2020, la interpretación de quién es "terminal" se ha vuelto particularmente floja cuando un virus respiratorio corriente con una TIR similar a la de la gripe de sólo el 0,15% (0,05% a los 70 años) fue (y sigue siendo) extremadamente exagerado como un "virus asesino" que amenaza la vida.

Puerta abierta a los abusos".

Por lo tanto, DefendNZ cree que los criterios vagos y amplios de la Ley de Eutanasia aprobada en 2020 "abrieron la puerta de par en par a los abusos", y la "pandemia de Covid-19" se ha vuelto potencialmente "aún más peligrosa" como resultado. Por cierto, las cifras de Nueva Zelanda también muestran lo contrario de "peligroso": desde finales de marzo, se han registrado 51 muertes por Covid, de una población de 5 millones = 0,001% . Para comparar, 239 personas murieron en el tráfico en el mismo periodo).

Aunque no se describa directamente como tal, ese abuso es evidente: ahora es mucho más fácil para los médicos, bajo el pretexto de Covid-19, dormir a personas a las que toda la propaganda ha convencido falsamente de que padecen una enfermedad muy grave. Posiblemente aún peor, podría encubrir teóricamente a las víctimas de las vacunas.

Cápsula de suicidio

El hecho de que la vida humana se considere cada vez menos valiosa queda también demostrado por una cápsula de suicidio construida en Suiza. La "Sarco" impresa en 3D fue desarrollada por Exit International y el activista de la eutanasia Philip "Dr. Death" Nischke, y fue diseñada por Alexander Bannink. La persona que quiera poner fin a su vida puede colocar la cápsula en su lugar favorito, sentarse en ella y, con sólo pulsar un botón, hacer que la cápsula se llene de nitrógeno. La persona se duerme al cabo de unos 30 segundos y muere (supuestamente) sin dolor en cuestión de minutos.

Al contrario de lo que informaron muchos medios de comunicación, esta cápsula suicida, que puede utilizarse inmediatamente como ataúd tras la muerte, aún no ha sido aprobada por las autoridades suizas. Sin embargo, se realizarán ensayos con ella a partir de 2022.

Desde hace años, Suiza es un destino cada vez más popular para los extranjeros que quieren dejar la vida "sin más". El país alpino no tiene una ley especial sobre la eutanasia, pero cuenta con leyes y reglamentos tan amplios que no está prohibida. El año pasado unas 1.300 personas pusieron fin a su existencia terrenal en Suiza.

La vida humana pierde valor rápidamente

Así, el mundo parece avanzar paso a paso en la dirección de la novela de ciencia ficción "Logan's Run" (1967), que se filmó en 1976 y trata de una sociedad futura en la que los recursos y el consumo se regulan estrictamente mediante la eutanasia obligatoria de todos los que cumplen 30 años. De momento, "Logan's Run" está todavía muy lejos, pero la historia reciente demuestra que muchas cosas pueden cambiar en muy poco tiempo. En 2009, las vacunas contra la gripe porcina fueron retiradas en Estados Unidos después de "sólo" 25 muertes, en parte debido a la intensa reacción del público y de los medios de comunicación.

A finales de 2021, oficialmente habrán muerto casi mil veces más estadounidenses por las inyecciones de Covid, y una multitud habrá sufrido graves daños a la salud (a menudo permanentes), pero los políticos, los medios de comunicación y una gran parte del público están presionando para que estas "inyecciones mortales" sean obligatorias. Al parecer, el asesinato o el daño (indirecto) de un ser humano se ha convertido de repente en algo mucho más aceptable.

En la UE, según la base de datos oficial EudraVigilance, el 18 de diciembre, el contador ascendía a 34.337 muertes por Covid vax y 3.120.439 heridos, de los cuales aproximadamente la mitad eran graves y/o permanentes (incluyendo trastornos autoinmunes y discapacidades como pérdida de miembros, ceguera, sordera, etc.) . Dado que los Países Bajos representan el 21% de los informes, eso equivaldría a 7210 compatriotas que han muerto a causa de una "vacuna" Covid-19 desde principios de este año.

Cápsula de suicidio

El hecho de que la vida humana se considere cada vez menos valiosa queda también demostrado por una cápsula de suicidio construida en Suiza. La "Sarco" impresa en 3D fue desarrollada por Exit International y el activista de la eutanasia Philip "Dr. Muerte" Nischke, y fue diseñada por Alexander Bannink. La persona que quiera poner fin a su vida puede colocar la cápsula en su lugar favorito, sentarse en ella y, con sólo pulsar un botón, hacer que la cápsula se llene de nitrógeno. La persona se duerme al cabo de unos 30 segundos y muere (supuestamente) sin dolor en pocos minutos.

Al contrario de lo que informaron muchos medios de comunicación, esta cápsula suicida, que puede utilizarse inmediatamente como ataúd tras la muerte, aún no ha sido aprobada por las autoridades suizas. Sin embargo, se realizarán ensayos con ella a partir de 2022.

Desde hace años, Suiza es un destino cada vez más popular para los extranjeros que quieren dejar la vida "sin más". El país alpino no tiene una ley especial sobre la eutanasia, pero cuenta con leyes y reglamentos tan amplios que no está prohibida. El año pasado unas 1.300 personas pusieron fin a su existencia terrenal en Suiza.

La vida humana pierde valor rápidamente

Así, el mundo parece avanzar paso a paso en la dirección de la novela de ciencia ficción "Logan's Run" (1967), que se filmó en 1976 y trata de una sociedad futura en la que los recursos y el consumo se regulan estrictamente mediante la eutanasia obligatoria de todos los que cumplen 30 años. De momento, "Logan's Run" está todavía muy lejos, pero la historia reciente demuestra que muchas cosas pueden cambiar en muy poco tiempo. En 2009, las vacunas contra la gripe porcina fueron retiradas en Estados Unidos después de "sólo" 25 muertes, en parte debido a la intensa reacción del público y de los medios de comunicación.

A finales de 2021, oficialmente habrán muerto casi mil veces más estadounidenses por las inyecciones de Covid, y una multitud habrá sufrido graves daños a la salud (a menudo permanentes), pero los políticos, los medios de comunicación y una gran parte del público están presionando para que estas "inyecciones mortales" sean obligatorias. Al parecer, el asesinato o el daño (indirecto) de un ser humano se ha convertido de repente en algo mucho más aceptable.

En la UE, según la base de datos oficial EudraVigilance, el 18 de diciembre, el contador ascendía a 34.337 muertes por Covid vax y 3.120.439 heridos, de los cuales aproximadamente la mitad eran graves y/o permanentes (incluyendo trastornos autoinmunes y discapacidades como pérdida de miembros, ceguera, sordera, etc.) . Dado que los Países Bajos representan el 21% de los informes, eso equivaldría a 7210 compatriotas que han muerto a causa de una "vacuna" Covid-19 desde principios de este año.

¿Cuándo fue la última vez que tantas personas fueron asesinadas (directamente o con un "retraso") por las acciones activas de otras personas? Tenemos que remontarnos a la Segunda Guerra Mundial, en la que hubo aproximadamente 250.000 víctimas, incluidos soldados y más de 100.000 judíos.

Millones de muertes apenas tienen impacto

Oficialmente, no nos acercamos a esa cifra (todavía), pero considere que hace unos años, después de una extensa investigación estadística, se determinó que la base de datos EudraVigilance refleja sólo el 6% del número real de víctimas. La base de datos estadounidense VAERS lo hace aún peor, con un 1%. Esto le da una imagen más precisa de la carnicería masiva que está ocurriendo en este momento, pero que a casi nadie parece importarle realmente, especialmente en la política (con algunas excepciones).

Ahora que parece que no hubo ningún exceso de mortalidad el año pasado, y que el número de ingresos en el hospital/CI fue menor que en los 7 años anteriores, más de 7.200 personas han recibido, por tanto, un estímulo a la muerte, completamente inútil. (Aparte de la cuestión de si tal inyección es alguna vez útil o sabia). Todas estas personas podrían y deberían haber vivido. La palabra "lástima" fue votada como "palabra del año" por una gran mayoría, pero ¿dónde están las protestas? ¿Dónde está la ira popular? Incluso entre la sección "despierta" detecto una resignación a veces desconcertante al respecto.

El analista empresarial Erik Boosma es uno de los que sí se siente escandalizado por ello. A principios de diciembre convirtió las estadísticas oficiales de la UE en las cifras reales más probables, y en 11 meses llegó a la asombrosa cifra de 6,2 millones de muertes por vacunas en todo el mundo, más que el número de judíos asesinados durante el Holocausto. Y eso para una supuesta "pandemia" que, incluso según el mundialmente conocido British Medical Journal, sólo existe en la televisión y en el tablero de la corona.

¿Qué pasa con la humanidad?

¿Qué está pasando con la humanidad (¡en serio!)? ¿Cómo es posible que tantas personas se hayan dejado asustar tan fácilmente hasta la muerte, y que estén tan de acuerdo con lo que es efectivamente un culto mundial a la muerte, completado con atrocidades celestiales como la inyección de niños, que en sí mismos tienen CERO riesgo de enfermedad grave y muerte por Covid, pero que ahora se ha demostrado que sufren enormemente por estas inyecciones de manipulación genética que amenazan la vida?

¿No es esto aún peor que la actitud del pueblo alemán durante los años 30 y 40, para el que era mucho más fácil mirar hacia otro lado porque los asesinatos masivos de los nazis tenían lugar en su mayor parte fuera de la vista y detrás de las alambradas, y además implicaban a "grupos objetivo" específicos (étnicos, religiosos y sociales)?

Una hipnosis y psicosis colectiva de masas parece haberse apoderado de la mayoría de la población mundial. La humanidad y la empatía resultaron ser una capa muy fina de la civilización, que desapareció como la nieve en el sol a la menor brisa y dejó paso al miedo y a la autoconservación extremadamente egoísta (y totalmente fuera de lugar), que con términos falsos como "sólo juntos" se presenta como una nueva "virtud" en la que todos tienen que participar para ser "aceptados" y conservar su libertad.

Un planeta lleno de monstruos

No sé cómo lo vives tú, pero en el umbral del 2022 yo personalmente no puedo hacer otra cosa que concluir que parece que vivo en un planeta lleno de monstruos sin escrúpulos, que intentan dar caza a los pocos que aún tienen algo de luz en ellos, y que con el tiempo también querrán despejarlos.

No, ese no es un mensaje edificante tan cerca de un nuevo año -¡y estoy muy contento de que se demuestre que estoy equivocado en esto! -pero los lectores habituales ya saben que soy reacio a las zalamerías, a los guantes de terciopelo, a los pretextos y al optimismo vacío de "detrás de las nubes". Si prefieren eso, hay más que suficientes sitios, escritores, periodistas y comentaristas para ello.

Si puedes soportarlo, prepárate, porque el artículo de fin de año previsto para mañana contendrá un mensaje aún más duro -y con base científica-.

¿Llamar a las autoridades?

En Alemania se ha creado un centro de ayuda para los familiares y amigos de los teóricos de la conspiración, supuestamente porque este último grupo pondría una gran tensión en las relaciones con sus opiniones discrepantes. El único problema es que la verdad es, manifiestamente, algo diferente: son precisamente los "teóricos de la conspiración" los que han demostrado tener razón una y otra vez, y son sus familiares y amigos los que han sucumbido mentalmente a la constante propaganda del gobierno y de los medios de comunicación dominantes, perdiendo así completamente de vista la realidad. Por lo tanto, debería haber un punto de ayuda para estos crédulos, con el mismo tipo de programa con el que se trata a los antiguos sectarios para restaurar su pensamiento lavado.

'Colegas, amigos o familiares que pueden echar de menos las vacunas como un dolor de muelas o ver la mano de Bill Gates o Georges Soros en todo.... Los teóricos de la conspiración ven cada acontecimiento de la pandemia como parte de un plan mayor", escribe el Belgian Standard. Esto pone en tensión las amistades y las relaciones, hasta el punto de que en Potsdam (Berlín) se ha creado el Demos-Institut für Gemeinwesenberatung, oficialmente para restablecer los lazos entre creyentes y no creyentes.

Esto podría hacerse teóricamente de forma mucho más sencilla, por ejemplo si los miembros de la secta Covax comprobaran cuántas veces, sólo en los últimos 2 años, los medios de comunicación dominantes se han equivocado y sus familiares y amigos "conspiranoicos" han acertado.

Despoblación aún no probada

La mayor "teoría de la conspiración" no demostrada es que las inyecciones forman parte de un programa de despoblación para reducir la población mundial a un máximo de 1.500 millones de personas (Agenda-2030). Se dice que las "vacunas" están diseñadas a propósito para que causen el máximo daño y maten a miles de millones sólo después de 2 o 3 años.

Por supuesto, seguiré esperando y rezando para que siga siendo una teoría, pero hasta ahora cada vez más apunta a que podría hacerse realidad en los próximos años. Numerosos científicos, médicos y expertos llevan tiempo advirtiendo que una inimaginable matanza masiva por las inyecciones no es ciertamente inconcebible. Incluso el Grupo Consultivo Europeo de Expertos en Inmunización de la OMS, el profesor Christian Personne, ha advertido literalmente que "no son las personas no vacunadas las que son peligrosas, sino las vacunadas. Éstas son un peligro para los demás y deben ser puestas en cuarentena si no quieren enfermar gravemente".

Nueva regla de oro: Lo contrario de lo que te dicen suele ser cierto

Si hay algo que la gente con una pizca de capacidad de pensamiento independiente y crítico restante ha visto confirmado una y otra vez desde 2020, es que ya no se puede confiar ni un segundo en los principales medios de comunicación y que no hacen más que difundir propaganda estatal, y al hacerlo se han convertido ellos mismos en los mayores promotores de conspiraciones. Promotores, porque la realidad de estas "conspiraciones" puede leerse simplemente en las publicaciones oficiales de, por ejemplo, el Foro Eocnómico Mundial, las Naciones Unidas (/OMS) o la Unión Europea.

Los periódicos y los canales de televisión que promueven la conspiración han llegado incluso a la "regla de Bidens": si él dice "azul", puedes estar casi seguro de que será "rojo". Si predice calor, saca tu abrigo de invierno. Si insiste en que algo es una "tontería" o una "conspiración", tómelo muy en serio porque lo más probable es que sea la verdad. Y cuando el NOS intente matarte de miedo con un virus respiratorio común para que "te pongas la inyección", puedes respirar aliviado porque a estas alturas ya has experimentado que la verdad es en casi todos los casos exactamente lo contrario de lo que "la pantalla" intenta hacerte creer.

De hecho, tenemos un dictador muy predecible y "fiable" a la cabeza del país, que parece haber copiado sus métodos psicológicos de manipulación de la población directamente de "Reglas para radicales" de

Saul Alinksy. Así que invierte todo lo que dice, y difícilmente puede equivocarse.

El ajuste de cuentas de 2022

El gran economista Martin Armstrong: "NUNCA se volverá a la normalidad, y estaría bien que tuviéramos hasta 2024 antes de que el caos político derribe el sistema financiero" = "Cuando se enfrentan los grupos entre sí, la civilización se derrumba

Hace poco escribimos que el actual bloqueo por la "plaga de Navidad" no tiene nada que ver con la salud pública, sino con el inminente colapso del BCE. El bloqueo sólo pretende "entrenar" psicológicamente a la gente para un periodo en el que los cajeros automáticos estarán bloqueados, sus cuentas bancarias dejarán de ser accesibles y se verán obligados a quedarse en casa. Una razón igualmente importante es que los gobiernos quieren señalar a la supuesta (en cualquier caso inofensiva) variante del virus Omicron como la "culpable" de la inminente crisis, que quieren utilizar para impulsar su soñado superestado federal europeo. En cualquier caso, 2022 será el año en el que comience el ajuste de cuentas por los años de políticas financiero-económicas fallidas de la UE. El dolor que causará esta crisis, por supuesto, se trasladará una vez más a los ciudadanos de a pie.

El economista estadounidense de alto nivel Martin Armstrong escribe que en el umbral de 2022 tenemos una "mirada muy seria" sobre la crisis económica derivada de la crisis de la deuda soberana en Europa. Llevo 10 años advirtiendo que la situación se volvería crítica, y he estado en reuniones con muchos bancos centrales durante este periodo para advertirles de que los gobiernos no pueden seguir pidiendo dinero prestado indefinidamente sin intención de devolverlo nunca".

Covid-19 pretexto para encubrir el próximo impago

Ha llegado el Día del Juicio Final", observa. Han utilizado a Covid-19 para crear pánico, sólo para llegar al punto en que su solución es un default (quiebra) que se disfrazará de rescate para el pueblo.'

Esta es, por tanto, la verdadera razón por la que uno de los pilares de la economía, el sector de la hostelería (y con él numerosos sectores relacionados), está siendo ahora deliberadamente destruido a un ritmo acelerado por el régimen occidental con un bloqueo completamente inútil. Nuestra economía DEBE ser destruida en primer lugar para permitir el golpe de estado del "Gran Reset" (/ "Reconstruir mejor") del FEM, del que Sigrid Kaag fue (/ es) una de las principales ejecutoras.

A principios de este mes, los Países Bajos, Israel, EE.UU. con otros 7 países más el FMI, el BIS y el Banco Mundial practicaron el ciberataque (de falsa bandera) contra el sistema financiero anunciado por el FEM. Un posible apagón de días o incluso semanas -del que posiblemente se culpe a Rusia- se utilizará como pretexto para un intento de reinicio completamente digital del sistema, en el que todas las formas de propiedad (incluida la financiera) y toda la voz, participación y libertad de los ciudadanos y las empresas se eliminarán para siempre y caerán bajo el control total de los bancos centrales y los gobiernos.

Sería bueno que tuviéramos hasta 2024".

'Informo sobre el verdadero estado del sistema financiero mundial, y para la mayoría puede resultar chocante', continuó Armstrong. 'No se trata de una simple hiperinflación, porque eso implica que una moneda todavía sobrevivirá'. En otras palabras, la crisis de la deuda que se está produciendo es tan grave e irresoluble que incluso está en juego la supervivencia de las propias monedas (como el euro en Europa y el dólar en Estados Unidos). Eso significa que nuestra prosperidad actual también recibirá golpes muy fuertes.

'La perspectiva real es totalmente diferente de las afirmaciones de los líderes que han estado contando la misma historia durante décadas desde el colapso de Bretton Woods. Los que están en el poder ya están saliendo con historias de revolución armada si Trump no gana en 2024 **. Sería bueno que tuviéramos ese tiempo, antes de que el caos político derribe el sistema financiero".

(** Pero incluso su eventual regreso no traerá alivio, sino todo lo contrario. Al fin y al cabo, Trump proclama la misma narrativa mentirosa de la 'vax' que la camarilla actual que supuestamente es su enemiga).

Cuando se enfrentan grupos entre sí, la civilización se derrumba".

NUNCA habrá una vuelta a la normalidad. Esta gente ha dividido al pueblo en función de la raza y la política (y también en función de la etnia, la ascendencia, la identidad, la opinión y, a partir de este año, incluso el estado médico). La clave de la civilización es que la gente se une cuando les beneficia a TODOS. Si se empieza a dividir a la gente y a enfrentar a un grupo contra otro, la civilización se derrumba.

Y en una civilización en colapso es exactamente lo que nos espera de aquí a 2025 si la gente común no dice masivamente NO a este "Gran Reset" comunista / Agenda-2030 y todo lo que conlleva, de los cuales una identificación digital por código QR junto con una "suscripción" a inyecciones obligatorias de manipulación genética para seguir teniendo acceso a la sociedad es, con mucho, la cosa más malvada, dañina y vergonzosa jamás impuesta a tanta gente en toda la historia.

¿Irán quiere su atención?

Ejercicios militares masivos en Irán sobre el ataque israelí y la operación terrestre - El jefe de la Agencia Iraní de Energía Atómica reconoce que el país trabaja en un arsenal nuclear ofensivo

Con un "mensaje navideño" especial, Irán ha respondido a los recientes anuncios abiertos de altos cargos militares y políticos israelíes de que un ataque a las instalaciones nucleares de Irán debe producirse pase lo que pase. Una salva de misiles balísticos fue disparada desde el sur de Irán, destruyendo una réplica de la central nuclear israelí cerca de Dimona, a unos 1.700 kilómetros de distancia. El "mensaje navideño" es claro: en caso de un ataque militar, causaremos un desastre nuclear en su pequeño país.

Después de semanas de presionar de nuevo a la Casa Blanca y al Pentágono, la cumbre política y de inteligencia israelí parece haber dado un giro. Los informes sugieren ahora que los estadounidenses están considerando aprovechar el estancamiento de las negociaciones con Irán como una oportunidad para dar a Israel la luz verde y el deseado -y necesario- apoyo militar para el ataque a las instalaciones nucleares iraníes que Jerusalén desea desde hace al menos 15 años.

Catástrofe nuclear en caso de impacto total en el reactor

Aunque las fuerzas armadas iraníes no son rivales para Israel y Estados Unidos en términos materiales y cualitativos, el régimen chiíta de Teherán cuenta con una importante baza: ha utilizado las tácticas dilatorias empleadas durante años en las negociaciones para construir un enorme arsenal de misiles, que ahora son mucho más precisos que en el pasado. Aunque Israel cuenta con el exitoso sistema de defensa Cúpula de Hierro, está diseñado para proyectiles de corto alcance, y en un ataque abrumador con cientos de misiles a la vez sólo puede interceptar una pequeña fracción.

El sistema de defensa antimisiles David's Sling, que entró en servicio en 2017, fue diseñado para detener misiles balísticos, entre otras cosas, pero apenas ha demostrado su eficacia en la práctica. Además, debido a su elevado coste, Israel no habrá desplegado cientos o miles de ellos.

Por ello, la amenaza iraní de destruir la central nuclear cercana a Dimona se tomará muy en serio. Aunque la planta está reforzada para soportar grandes impactos, existe el riesgo de que una serie de golpes pueda liberar material nuclear, que podría extenderse por todo el país dependiendo de la dirección del viento, o acabar sobre Jordania, Egipto o Arabia Saudí.

Con un "mensaje navideño" especial, Irán ha respondido a los recientes anuncios abiertos de altos cargos militares y políticos israelíes de que un ataque a las instalaciones nucleares de Irán debe producirse pase lo que pase. Una salva de misiles balísticos fue

disparada desde el sur de Irán, destruyendo una réplica
de la central nuclear israelí cerca de Dimona, a unos
1.700 kilómetros de distancia. El "mensaje navideño" es
claro: en caso de un ataque militar, causaremos un
desastre nuclear en su pequeño país.

Después de semanas de presionar de nuevo a la Casa
Blanca y al Pentágono, la cumbre política y de
inteligencia israelí parece haber dado un giro. Los
informes sugieren ahora que los estadounidenses están
considerando aprovechar el estancamiento de las
negociaciones con Irán como una oportunidad para dar
a Israel la luz verde y el deseado -y necesario- apoyo
militar para el ataque a las instalaciones nucleares
iraníes que Jerusalén desea desde hace al menos 15
años.

**Catástrofe nuclear en caso de impacto total en el
reactor**

Aunque las fuerzas armadas iraníes no son rivales para
Israel y Estados Unidos en términos materiales y
cualitativos, el régimen chiíta de Teherán cuenta con
una importante baza: ha utilizado las tácticas dilatorias
empleadas durante años en las negociaciones para
construir un enorme arsenal de misiles, que ahora son
mucho más precisos que en el pasado. Aunque Israel
cuenta con el exitoso sistema de defensa Cúpula de
Hierro, está diseñado para proyectiles de corto alcance,
y en un ataque abrumador con cientos de misiles a la
vez sólo puede interceptar una pequeña fracción.

El sistema de defensa antimisiles David's Sling, que entró en servicio en 2017, fue diseñado para detener misiles balísticos, entre otras cosas, pero apenas ha demostrado su eficacia en la práctica. Además, debido a su elevado coste, Israel no habrá desplegado cientos o miles de ellos.

Por tanto, la amenaza iraní de destruir la central nuclear cercana a Dimona se tomará muy en serio. Aunque la central está reforzada para resistir grandes impactos, existe el riesgo de que una serie de golpes pueda liberar material nuclear, que podría extenderse por todo el país dependiendo de la dirección del viento, o acabar sobre Jordania, Egipto o Arabia Saudí.

Irán practica sobre el ataque israelí

La destrucción de la réplica del reactor nuclear pareció ser la culminación de días de ejercicios masivos de los Guardias Revolucionarios de Irán ante un posible ataque israelí, incluido el desembarco de tropas terrestres. Al mismo tiempo, el periódico estatal Kayhan anunció que, en caso de ataque, Irán aumentaría inmediatamente el enriquecimiento de uranio hasta el 90%, suficiente para construir armas nucleares.

La "bomba iraní" es exactamente lo que Israel, Estados Unidos y también su aliado Arabia Saudí quieren evitar. El general McKenzie, jefe del Mando Central de EE.UU., advirtió a finales de noviembre que el uranio iraní está ahora enriquecido al 60%, y que los mulás de Teherán están "muy cerca esta vez" de la decisión de construir una bomba nuclear. A pesar de ello, el país aún no ha mostrado una tecnología que permita fabricar una bomba de este tipo lo suficientemente pequeña como para ser montada en un misil.

El director del Organismo de Energía Atómica de Irán reconoce la existencia de un programa de armas nucleares

Durante años se ha afirmado que el programa de armas nucleares de Irán es un engaño, pero el enriquecimiento abiertamente reconocido de uranio al 60% -totalmente innecesario para fines civiles- y la amenaza de aumentarlo al 90%, es prueba suficiente en sí misma. Y qué decir de la reciente admisión por parte del jefe de la Agencia Atómica Iraní, Fereydun Abbasi-Davani, de que el jefe del programa nuclear, Mohsen Fakrizadeh, asesinado el año pasado (muy probablemente por el Mossad), había creado "un sistema de armas nucleares con fines ofensivos", que también se construirá sin él.

¿Por qué los demás pueden tener armas nucleares, pero nosotros no?

La posición de Irán puede resumirse brevemente: ¿por qué a nuestros enemigos Estados Unidos (miles) e Israel (entre 80 y 200 piezas), así como al vecino Pakistán (110 piezas) se les permite tener armas nucleares, y a nosotros no? Objetivamente, hay poco que discutir, sobre todo teniendo en cuenta que otros países de la región también tienen armas nucleares (Rusia, China,

India) o están trabajando en ellas (Turquía, Arabia Saudí).

¿Podría tener algo que ver con el hecho de que Irán es un importante productor de petróleo/gas que se niega a someterse a la alianza occidental/árabe, pero que de hecho es un aliado de Rusia y China? Por cierto, hay que señalar que Moscú y Pekín probablemente tampoco esperarán la bomba iraní; eso convertiría a Oriente Medio en una región aún más imprevisible y peligrosa de lo que ya es, sobre todo por la ideología teológica más o menos apocalíptica que propugnan los líderes religiosos de Teherán.

Sin embargo, cabe preguntarse qué cambiará exactamente una eventual bomba nuclear iraní. Después de todo, el uso de esta bomba significa un suicidio absolutamente seguro. Por lo tanto, parece que Irán, al igual que Corea del Norte, quiere tener armas nucleares principalmente como elemento de disuasión.

La guerra parece una cuestión de tiempo ahora que los estadounidenses influyentes están a favor

Dado que Estados Unidos vive de los conflictos y las guerras (los estadounidenses tienen un presupuesto de defensa/seguridad más alto que el de todos los demás países juntos), y que el infame "Proyecto para un nuevo siglo americano" ya identificó a Irán como uno de los objetivos de una serie de guerras, empieza a parecer que esta guerra planeada contra Irán se va a producir pase lo que pase.

Algunos (ex) políticos estadounidenses influyentes, como el ex secretario de Defensa Leon Panetta y el general David Petraeus (que dirigió las guerras de Irak y Afganistán y también fue director de la CIA) y el conocido ex diplomático de Oriente Medio Dennis Ross están pidiendo ahora abiertamente a la Casa Blanca que actúe militarmente. Sin embargo, la administración Biden no parece haber llegado a ese punto todavía.

Es de esperar, por cierto, que nunca se llegue a eso, sobre todo porque una guerra de este tipo podría irse rápidamente de las manos y volver a cobrarse un gran número de víctimas civiles inocentes. Después de que Washington (y Bruselas) nos haya atraído a todo tipo de guerras sangrientas pero inútiles (Irak, Afganistán, Libia, Siria) con falsos pretextos, este tipo de destrucción supuestamente "preventiva" debería terminar definitivamente.

MAD opción menos mala

A falta de voluntad y confianza para lograr una paz real, la MAD -Destrucción Mutua Asegurada- sigue pareciendo la opción menos mala en este momento para evitar que los países vuelvan a luchar y a matarse entre sí. Es precisamente el desequilibrio de la MAD, como lo está haciendo ahora Estados Unidos/OTAN contra Rusia a través de Ucrania, lo que hace inevitable otra masacre en algún momento.

Desde este punto de vista, tal vez unas cuantas bombas nucleares iraníes podrían actuar como elemento disuasorio suficiente para disuadir a los agresivos estadounidenses y a sus aliados de una nueva aventura militar, que nadie espera en absoluto.

Al mismo tiempo, es posible que los principales clérigos chiíes de Teherán empiecen a moderar su tono contra Israel. Si se ladra y se amenaza durante años a un adversario que ya ha tenido que librar varias guerras existenciales en su corta existencia, en un momento dado se provoca una reacción. Una reacción que, tras unos 15 años de repetida propaganda israelí de que "Irán tendrá una bomba nuclear en unos meses o semanas", ahora parece estar muy cerca.

¿El próximo choque era inminente?

Comienza la "tercera guerra mundial" financiera: Estados Unidos subirá los tipos de interés, Europa está "condenada

Ayer se declaró un bloqueo totalmente idiota y diametralmente duro desde el punto de vista de la salud pública, el siguiente golpe asestado por el régimen occidental en el desmantelamiento deliberado paso a paso de la sociedad y la economía libres y prósperas. Pero, ¿cuál es el verdadero motivo, aparte de la aplicación de la agenda comunista del Foro Económico Mundial "Gran Reset" / "Reconstruir mejor"? Es la inminente crisis financiera sobre la que hemos estado escribiendo durante años.

De hecho, el BCE está en una grave crisis, y en la peor forma de todos los bancos centrales. Ahora que los estadounidenses han desencadenado una "Tercera Guerra Mundial" financiera con las anunciadas subidas de los tipos de interés, todo habrá terminado para la Eurozona y, por tanto, para la UE a partir de 2022.

El BCE suplicó a la Reserva Federal de EE.UU. que no subiera los tipos de interés, escribe el economista estadounidense Martin Armstrong. El Banco de Inglaterra (BoE) está en mucha mejor forma que el BCE, "que está al borde del colapso". El BoE fue el primer gran banco central que subió los tipos de interés desde el mínimo histórico del 0,1% al 0,25% desde el inicio de la pandemia de la corona.

Europa está condenada

El BCE dice que seguirá reduciendo sus compras de bonos del Estado, pero Armstrong dice que eso es cuestionable.... El BCE está en serios problemas", porque mientras la Reserva Federal puso una fecha de finalización a sus compras anteriores, el BCE ha seguido manteniendo y comprando todo indefinidamente. 'Europa está simplemente condenada', continuó Armstrong en consecuencia. 'Los cierres que la agenda del Gran Reajuste de Schwab según hacen que las afirmaciones de crecimiento económico sean una broma muy pesada.'

'El BCE está en una grave crisis. El Banco de Inglaterra no ha seguido el curso del BCE, por lo que no está en un estado en el que tenga que estar en cuidados intensivos'. Su particular I.A. Sócrates ya lo había previsto: se avecinan más subidas de tipos de interés en 2022.

El BCE ya introdujo tipos de interés cero/negativos en 2014 para mantener el euro a flote a toda costa (= a costa de las pymes y los ciudadanos (pensiones/poder adquisitivo)). Por lo tanto, el banco simplemente NO PUEDE subir los tipos de interés sin provocar un megacrash financiero-económico, que acabará con cientos de miles de empresas y millones de puestos de trabajo, y llevará a la mayoría de los estados de la UE al borde de la quiebra estatal (o incluso los empujará por encima de ella).

El choque que arrasará con todo

Pero la alternativa que parecen haber elegido los planificadores de Bruselas y Fráncfort, y que, como es habitual, sigue servilmente La Haya, provocará un megacolapso de otro tipo que, sin duda, no será menos doloroso, sino todo lo contrario. Los años de política de tipos de interés cero/negativos han ahuyentado a casi todos los inversores extranjeros, han vaciado de hecho los fondos de pensiones de Europa occidental (los más ricos de la UE) y han socavado el valor del euro y nuestro poder adquisitivo.

Las subidas de los tipos de interés harán que los capitales huyan aún más rápido hacia Estados Unidos y Gran Bretaña. La última confianza en el euro desaparecerá por completo, y el BCE sólo podrá compensar la depreciación de todo mediante la impresión ilimitada de dinero (digital). Resultado: una inflación altísima y una profunda depresión con la desaparición de los servicios y la escasez a gran escala de alimentos, energía y bienes, lo que provocará una pobreza generalizada.

Un error tras otro

¿Qué se debería haber hecho? En primer lugar, ya fue un error mayúsculo introducir el euro (2000/2002). Los críticos que advirtieron de las graves consecuencias en los años 90 parecen haber tenido razón en todo.

En segundo lugar, la eurozona debería haberse roto durante la crisis financiera de 2008-2011, y/o deberían haberse permitido de nuevo las monedas nacionales paralelas. En lugar de ello, se optó por el "como sea" de Mario Draghi para "salvar" el euro. Es decir: posponer la inevitable desaparición por un número x de años, diseñado para mantener a los bancos y a los grandes actores financieros a flote.

El impago: Los ciudadanos y las PYMES serán despojados de todo

El motivo del actual bloqueo duro es que el BCE/UE siempre ha pretendido encubrir este fracaso total con un "default" planificado que borraría todas las deudas de un plumazo. Por eso Klaus Schwab anunció con valentía "no seréis dueños de nada": los gobiernos borrarán de hecho toda la propiedad privada, incluso la financiera (incluidas las pensiones). Realmente TODO será confiscado por el Estado (= bancos centrales). Toda forma de control y propiedad será arrebatada a los ciudadanos y a las empresas.

Después de eso es "la amarga pobreza y la muerte", como lo describió acertadamente Sven Hulleman el año pasado. Porque con un UBI (Ingreso Básico Universal) y un CBDC (Moneda Digital del Banco Central), es posible que sólo puedas satisfacer tus necesidades básicas, y sólo si has ahorrado suficientes puntos de crédito social para mantener un código QR válido. De todos modos, ya no es posible ahorrar ni viajar gratis.

Se acabó la democracia, se manipulan las elecciones

'Este es el fin de una era', escribe también Armstrong. 'Todo el mundo sigue hablando de Covid, las vacunas, los vaxpas y los cierres, pero la verdadera agenda de Klaus Schwab es acabar con la democracia, a la que llaman 'populismo' porque supuestamente somos demasiado estúpidos para saber lo que nos conviene. Pero lo único que les importa es mantenerse en el poder... Si un gestor de fondos hubiera dirigido su negocio como los gobiernos, lo habrían metido en la cárcel durante más de 20 años".

Por lo tanto, advierte que las diversas elecciones de 2022, 2023 y 2024 (incluyendo Australia, EE.UU. (a mitad de mandato), Francia (presidente), Italia, Gran Bretaña) serán manipuladas (al igual que muy probablemente se ha hecho con las elecciones en los EE.UU. y varios países de la UE en los últimos años). Para esta gente y su agenda, hay tanto en juego que las elecciones son sus mayores riesgos", continuó Armstrong. Necesitan controlarlas para lograr su objetivo final".

Con la Ley de Emergencia, la democracia ya fue abolida definitivamente el año pasado, por lo que es inútil esperar un cambio por esta vía nunca más. La aparente "dimisión" de Biden, que posteriormente se reveló como una auténtica dictadura que no respetaba las leyes (fundamentales) ni los derechos humanos, es una prueba fehaciente de ello.

2022 - 2025

Dependiendo de los acontecimientos geopolíticos (Rusia/Ucrania, China) y de la crisis energética creada a propósito, el plazo en el que se producirá el próximo colapso varía desde unas pocas semanas hasta varios años. Pero no importa lo corto o largo que sea, en cualquier caso empezará en 2022. Para el 2025, ya no reconoceremos nuestro país y nuestro continente. TODA nuestra libertad y gran parte de nuestra prosperidad habrán desaparecido, y si la mortalidad por vacunas sigue como hasta ahora presumiblemente también una parte sustancial de nuestra población. Nos habremos sumido, por diseño, en la dictadura totalitaria más dura e inhumana de la historia.

Según el modelo de inteligencia artificial de Armstrong, el colapso final de Occidente tardará hasta 2032. Personalmente creo que no tardará tanto, pero nadie puede ver el futuro. En caso de que una UE apresuradamente federalizada consiga completar el 'Gran Reset' y establecer una dictadura comunista de vacunas climáticas, los últimos años hasta el final de nuestra civilización serán nada menos que horribles para todos. ('The Fourth Turning' y Deagel suponen el final en 2025, lo que personalmente me parece más probable).

¿Agradecido?

A la gente le gusta leer algo positivo, escribieron algunos, y lo entiendo. A mí también me gustaría. Pero no es el momento de tranquilizarnos con un "tralalá vamos a ganar", para luego desplomarnos en el sofá y ponernos a esperar. Estamos en 1940, la guerra acaba de empezar, y masas de personas están muriendo. Tras años de preparación, estigmatización y exclusión, el Holocausto está a punto de entrar en vigor. La resistencia es desalentada, traicionada, arrestada y fusilada. Nadie sabe si la ocupación y la guerra terminarán algún día. El "positivismo" se convierte sobre todo en "pasividad", salvo para un grupo muy reducido de personas que, arriesgando la vida y la integridad física, se vuelven activas.

Hay personas que dicen estar "agradecidas" por la crisis de la corona e incluso la consideran un "regalo". Pues bien, si hubieras utilizado ese lenguaje en 1940, poco después del estallido de la Segunda Guerra Mundial, el bombardeo de Rotterdam y la ocupación nazi de nuestro país, probablemente te habrían dado una bofetada en la cara. Sinceramente, así es como me siento cuando oigo a alguien -aunque sea bienintencionado- utilizar este tipo de términos. No es el momento de la gratitud; es el momento de la rabia y de hacer acopio de valor para levantarse sin violencia (porque con la violencia se va a perder) contra la tiranía que se nos está imponiendo ahora, antes de que un número sin precedentes de personas sean directa o indirectamente asesinadas por ella.

Es la guerra (y se está librando contra nosotros)

Es la guerra. Repito: es la guerra. Una secta globalista de vacunación climática impulsada por las notorias familias bancarias compuestas por la Gran Farmacia, la Gran Tecnología y las Grandes Finanzas (BlackRock et al.) a través de la OMS, el FEM, el FMI, los EE.UU./la OTAN/la UE y el Vaticano, entre otros, ha tomado el control total de la mayoría de los gobiernos, y ha declarado la guerra a todas las formas de libertad, independencia, autodeterminación y prosperidad y ambiciones personales con la destrucción deliberada de nuestra economía de mercado, el suministro estable de energía y alimentos y la salud pública.

Peor aún: mediante la inyección obligatoria de sustancias que manipulan los genes y alteran el cuerpo / dañan el cerebro, y el deseo de impedir y eliminar de la atmósfera la sangre vital de toda la vida (el CO2, cuyo nivel sigue siendo peligrosamente bajo), es una declaración de guerra a la supervivencia de toda la civilización humana. Uno casi empezaría a pensar que hay un poder no humano -y quizás incluso sobrenatural- detrás de esto que odia a la humanidad lo suficiente como para querer exterminar a la mayoría de nosotros, pero sin destruir el propio planeta en el proceso.

Pero no, no existe tal cosa, ¿verdad? Eso es sólo algo para los "teóricos de la conspiración", algunos creyentes y películas de sf/fantasía....

Adición 9:55 pm:

Algunos lectores han pedido, con razón, una explicación más clara de la conexión entre el bloqueo y la crisis bancaria/del BCE. A continuación, algunos párrafos demasiado apropiados de nuestro artículo del 23 de octubre de 2020, que también se aplican perfectamente al actual "bloqueo duro": "El toque de queda es un puro disparate, está destinado a preparar a la gente para el bloqueo de la crisis bancaria

Aparte del hecho de que el único "virus" verdaderamente peligroso, el del miedo y el pánico, parece haber dañado gravemente el intelecto y la capacidad de razonamiento lógico en todas las capas de la población, puede haber otra explicación lógica para dicho toque de queda. Por ejemplo, es -además de los 1,5 metros y la obligación de tapar la boca- una herramienta perfecta de "control de multitudes", y también una prueba para ver hasta dónde se puede reprimir al pueblo con medidas insensatas y totalmente ilógicas antes de que la gente se rebele en masa.

En el momento en que se acepte un toque de queda, puede ampliarse gradualmente (por ejemplo, de las 11 de la noche a las 9 de la noche, o incluso antes). Si la gente acepta esto, y una vez que se haya adaptado a ello, el umbral para un toque de queda total "temporal" será mucho menor, y el gobierno puede suponer que la resistencia será muy limitada -si es que alguna vez se llega a eso en los todavía muy dóciles Países Bajos.

Este toque de queda será especialmente útil el año que viene, cuando la crisis bancaria, hasta ahora silenciosa pero ya en erupción, se ponga realmente en marcha. Con un toque de queda, se imposibilita de antemano una corrida a los bancos y cajeros automáticos. Llevamos años escribiendo que esta nueva crisis se avecina, y que lo más probable es que se aproveche para digitalizar completamente todo el tráfico de pagos.

... Ya el 22 de marzo, en el artículo "La UE decide muy pronto implantar el feriado bancario y la prohibición permanente del dinero en efectivo" nos preguntamos si la crisis de la corona no es un pretexto para salvar de nuevo a los bancos, e impulsar la tan planeada unión bancaria europea. Dicha unión bancaria es una necesidad absoluta para que la UE se haga con el poder, y someta a todos los estados miembros a una dictadura federal.

¿La agenda real?

¿Justicia poética? Los gobiernos y administraciones que ahora están traicionando a sus propios pueblos serán a su vez traicionados por la cúpula de la élite globalista - Flashback al juego de cartas de los Illuminati que discutimos ampliamente en 2009, y sobre el que se predijo la "venganza del pueblo".

Un multimillonario neozelandés habría filtrado a un proveedor de servicios el "verdadero plan" de la planemia Covid y los encierros: según el concepto "Ordo ab Chao" (orden a partir del caos), todos los pueblos se enfrentan a sus propios gobiernos, parlamentos y administraciones, para depurarlos y limpiarlos por la fuerza bruta. La intención sería precisamente conseguir que tanto los pueblos vacunados como los no vacunados se unan por la traición de sus administradores y representantes, y el enorme daño que han causado. Una vez depuestos los gobiernos, se producirá un vacío de poder al que saltará un nuevo gobierno mundial como "gran salvador". Auténtico o no, este supuesto plan me recuerda inmediatamente al "juego de cartas de los Illuminati" que cubrimos ampliamente hace más de 12 años.

'En lo que respecta a la narrativa de la vacuna, la marea está cambiando', se dice que dijo el multimillonario. Me dijeron que con el tiempo la vacuna aumentará las infecciones y las muertes. Que miles de millones morirán, y que la gente se enfurecerá y quemará sus gobiernos. Sus líderes, científicos y medios de comunicación serán perseguidos y colgados en las calles. AMBOS bandos quemarán sus gobiernos. Los pro-vaxxers, totalmente traicionados y moribundos, se enfurecerán. También lo harán los no-vaxxers, por lo que su gobierno ha permitido que ocurra".

Los que ahora promueven las 'vacunas' recibirán el golpe. 'Por eso son artículos desechables. Biden está casi muerto, Boris Johnson y Macron son unos pringados... El tiempo en que las vacunas de ARNm harán daño es de 2 a 3 años. El alcance de las (inyecciones de) ARNm ha superado sus expectativas más salvajes.'

Debido a la anarquía que entonces habrá estallado, un nuevo gobierno mundial (masónico (=Illuminati)) comenzaría a restaurar el orden para ser traído como 'el gran salvador' ('Ordo ab chao').

Se especula que algunos antivacunas pertenecen a este grupo masónico, pero todavía no hay pruebas de ello. Se dice que el hecho de que Twitter permita ahora vídeos y publicaciones con víctimas de la vacunación forma parte del "verdadero plan".

Detenido un conocido activista antivacunas británico tras pedir el asesinato de políticos

Piers Corbyn, un activista británico de 74 años que se opone a la vacuna, fue detenido ayer en Londres tras haber llamado en las redes sociales a quemar los edificios y oficinas de los parlamentarios. Tenemos que ser un poco más físicos", dijo Corbyn en uno de sus vídeos. Tenemos que deponer a estos vacunadores y parlamentarios mentirosos. (Pero) tenemos que apoyar y dar la bienvenida a todos los que se han rebelado o han votado contra Boris, como los tories que han votado en contra de las medidas.'

Tenemos que matar a golpes a esa escoria que ha decidido introducir este nuevo fascismo. Haz una lista de ellos... y si tu parlamentario es uno de ellos, pues recomiendo quemarlos a lo bonzo, ¿vale? Pero no puedo decirlo abiertamente, espero que no estemos 'en el aire'.

Sadiq Khan, el alcalde de Londres, calificó el llamamiento de Corbyn a la violencia de "repugnante y peligroso". La ministra del Interior, Priti Patel, calificó los vídeos de "nauseabundos" y pidió que se tomaran las medidas más enérgicas posibles contra el activista, que precisamente el sábado pasado participó en una manifestación de (decenas de) miles de personas para protestar por otro cierre (planes).

La pandemia del plan Corona ideada por el gobierno mundial entre bastidores

El "plan real", procedente de este multimillonario no identificado de Nueva Zelanda, se filtró supuestamente en Reddit a principios de noviembre.

El multimillonario de lengua suelta dijo que si la persona a la que se lo dijo alguna vez lo compartiera, nunca se habrían conocido. Al mismo tiempo, se reía de ello porque, de todos modos, nadie lo creería.

Entre bastidores, desde hace años funciona un gobierno mundial de facto, formado por las "mentes más brillantes" del planeta, al que la mayoría de los miembros se unen voluntariamente. Los que se negaban eran "tratados". En resumen, el plan consiste en enfrentar a los gobiernos y a sus poblaciones. Para ello, primero había que crear el caos y el pánico mundial. Para ello, se ideó la pandemia de Corona / Covid.

Como el plan había sido preparado tan meticulosamente durante tanto tiempo, miles de millones de "vacunas" podrían estar disponibles en poco tiempo para un virus supuestamente recién descubierto (la producción de tantas vacunas normalmente lleva muchos años). Estas inyecciones deberían haberse presentado como la única salida desde el principio de la p(l)andemia (exactamente lo que nos dijo literalmente el régimen a principios de la década de 2020).

Para maximizar el dolor, se decidió que eventualmente todos los niños deberían ser también inyectados (y por lo tanto dañados o muertos).

Los políticos y responsables actuales son "mera carne de cañón

La "revelación" más interesante fue que la mayoría de los gobiernos, científicos y medios de comunicación creen realmente que se trata de un tratamiento "seguro" y "eficaz" contra una infección viral. Incluso se dice que Anthony Fauci no forma parte de la conspiración, sino que, al igual que el resto, no es más que "carne de cañón" que se entregará a la multitud enfurecida en algún momento.

Ni siquiera es una línea de pensamiento extraña, porque las personas en posiciones de liderazgo que ahora mienten descaradamente y están dispuestas a traicionar y entregar a su propio pueblo están demostrando así que son extremadamente indignas de confianza y corruptas para todo el mundo, incluida la élite que las dirige.

Las "vacunas" Covid se han formulado de tal manera que la mayoría de las lesiones y muertes tardarán entre 2 y 3 años en producirse (es decir, entre finales de 2022 y 2024). El número de víctimas será de miles de millones. La humanidad será diezmada, pero no antes de que los enfurecidos supervivientes hayan masacrado a todos los políticos, científicos y jefes de los medios de comunicación responsables, según ha explicado el multimillonario.

Aunque ciertamente sería una forma de "justicia poética" si los globalistas, los líderes políticos, los representantes del pueblo, los científicos y los jefes de los medios de comunicación que ahora mienten y traicionan al pueblo fueran ellos mismos traicionados, la gran violencia que se "planificaría" no es algo que debamos esperar. Después de todo, un levantamiento violento / revolución históricamente se cobra muchas víctimas inocentes. Se podría replicar que el número de inocentes sacrificados ahora y en los próximos años por esta agenda de "Gran Restablecimiento" de la vacunación climática/bloqueo amenaza con ser gigantesco, y una reacción violenta será inevitable.

Juego de cartas de los Illuminati

En 2009, prestamos mucha atención en varios artículos al "juego de cartas de los Illuminati" de 1995, que supuestamente describía numerosos acontecimientos mundiales planificados. Muchos de estos eventos parecen haberse hecho realidad en su totalidad o en parte a finales de 2021, como los ataques del 11-S contra las Torres Gemelas (aunque no con una 'bomba nuclear' literal) y el Pentágono, de los cuales ha sido indiscutible durante años que se trataba de una operación de 'falsa bandera' para justificar la 'guerra contra el terror'.

El Plan Super: el pueblo gana de verdad

El analista "G" responde que, si bien éste es "el Plan", las naciones deberían centrarse en el "Súper Plan, si la gente del mundo se defiende y realmente GANA. Una vez que adquieran valor y una voluntad de acero, y utilicen todas las armas posibles que puedan encontrar para ayudar a esta bestia a su fin'.

El nuevo mundo que se construya entonces se basará en los principios de la verdadera libertad y la máxima autodeterminación de cada individuo, cada pueblo y cada nación.

No habrá más uniones, organizaciones mundiales, foros y "united...." controlados de forma centralizada, ni más megabancos, ni corporaciones multinacionales, sino sólo acuerdos descentralizados basados en la cooperación voluntaria y el respeto a las fronteras y culturas de cada uno.

En resumen: todo lo contrario al "Gran Reset" y a la "Agenda-2030", con los que el mundo entero está siendo sometido a un control comunista tecnocrático totalitario, en el que se acabará definitivamente con toda forma de libertad, individualidad y participación para todos los que sobrevivan a estas crisis, y se centralizará todo el poder real.

Es de suponer que ya en los próximos años se decidirá cómo será nuestro futuro: ¿será esta estranguladora dictadura de la vacunación climática, el régimen más duro e inhumano que ha conocido este planeta, que amenaza a miles de millones de víctimas? ¿O la humanidad se mantendrá finalmente unida contra este malvado monstruo de mentiras, esta Bestia del odio y la destrucción, y su pequeño club de representantes humanos que, en el transcurso de los últimos siglos, se han hecho con todo el poder político, financiero-económico y militar.

Omnicron y delta

La gente sólo necesita hacer una cosa para volver a la normalidad: apagar sus pantallas en masa y retomar su vida sin restricciones - El experto en inmunología Pierre Capel: Omicron podría ser la salvación para la humanidad (y es por tanto un desastre para los gobiernos)

El British Medical Journal (BMJ) es desde hace tiempo una de las revistas médicas más autorizadas. Toda la información se examina cuidadosamente, sin dejar lugar a "teorías conspirativas" verificables y sin fundamento. El BMJ publicó la semana pasada un artículo en el que los científicos -incluido el redactor jefe- llegan a la conclusión de que la "pandemia" del Covid sólo existe en la televisión y en el tablero de mandos de la corona, porque las cifras y las estadísticas subrayan una y otra vez que no hay nada extremo, especialmente con la variante Omicron.

Para volver a la normalidad, la gente sólo tiene que hacer una cosa: apagar sus pantallas (y en nuestro propio país, por tanto, dejar de ver permanentemente los medios de comunicación dominantes, y desde luego el infame "Show de Propaganda-Hipnosis de Mark y Hugo").

Los cuadros de mando de la pandemia y la corona 'dan sin cesar nuevo combustible a las noticias, haciendo que la pandemia de Covid-19 esté constantemente en las noticias, incluso cuando la amenaza es baja', escriben el redactor jefe del BMJ, Peter Yoshi, y el candidato a doctor (historia) de la Universidad de Princen, David Robertson, en 'El fin de la pandemia no será televisado'. 'Con esto, podrían prolongar la pandemia cortando la sensación de cierre o de vuelta a la vida prepandémica'.

Pandemia de engaño, manipulación y miedo a la muerte

Un análisis del siglo pasado ha demostrado que las pandemias anteriores, incluida la tristemente célebre gripe española, desaparecieron gradualmente de la sociedad una vez que la gente "dejó de permitirse estar constantemente preocupada por las cifras del shock endémico". En las décadas siguientes, la gente siguió viviendo con normalidad, incluso cuando hubo nuevas epidemias de gripe con tasas de mortalidad proporcionalmente altas.

Aunque las descripciones de las epidemias se han hecho durante siglos, Covid-19 es el primero con cuadros de mando en tiempo real, que han impregnado y estructurado la experiencia del público", continúa el BMJ. 'Engañados y manipulados hasta la muerte me parecen mucho más apropiados personalmente, ya que los cuadros de mando se centran en las llamadas 'infecciones' basadas en la prueba PCR, totalmente inadecuada y desacreditada para este fin.

Lo que está ocurriendo ahora con Omicron -una mutación más contagiosa, pero muy débil e incluso bienvenida, que sólo puede resfriar a la gente y proporcionar inmunidad de grupo en unas pocas semanas- subraya, por tanto, que incluso los nuevos cierres, el distanciamiento social y la obligación de llevar un protector bucal no tienen nada que ver con la salud pública.

Desconcierto ante la reacción exagerada de Europa

En la pantalla, Omicron parece una gran amenaza, pero la realidad es que (hasta el 13 de diciembre) sólo se ha producido una muerte en todo el mundo atribuida a esta nueva variante, y el 99,99% de las personas sólo se resfrían levemente de ella, si es que notan algo. (En principio, esta variante también podría ser una invención digital, ya que los resfriados y los síntomas de la gripe son normales en invierno).

El médico sudafricano que informó por primera vez a la OMS sobre la variante Omicron declaró a los medios de comunicación occidentales que estaba "asombrado" por la reacción exagerada de Gran Bretaña y Europa. Cierres en Navidad, restricciones de viaje, protectores bucales, multas y cuarentenas, ¿por un simple resfriado? Sin embargo, la OMS vuelve a sembrar el miedo con ello, y es que no se debe poner en peligro la aplicación del "Gran Reset" comunista - golpe de la Agenda 2030 de vacunación climática.

Omicron: ¿desastre o rescate?

Por ello, el profesor (em) de inmunología experimental Pierre Capel califica a Omicron de "salvación y desastre a la vez". Puede ser una salvación para la humanidad, pero es un desastre para los gobiernos. O es una salvación para los gobiernos, pero un desastre para la humanidad... Volvemos a estar encerrados: la Navidad tiene que derrumbarse, pero eso ya lo sabíamos desde el principio".

Capel revela entonces que el pico de la variante Omicron es bastante diferente de las variantes Alfa y Delta, y es mucho más contagioso. Eso tiene enormes implicaciones'. ¿Debemos temerlo o alegrarnos por ello? En cualquier caso, las estadísticas demuestran que 'los encierros, el metro y medio ('ni siquiera vamos a hablar de esa tontería') y el lavado de manos no importan nada. Omicron seguirá su camino'. Pero resulta que la mortalidad sigue siendo muy baja. 'Resulta que la enfermedad es bastante menos grave'.

Las heridas punzantes no sirven para nada

En África, Omicron desbancó a Delta en cuestión de semanas, y la variante también parece estar extendiéndose a la velocidad del rayo en Europa. Pero tiene preferencia por las vías respiratorias superiores, los bronquios.

Por lo tanto, se produce una bronquitis en lugar de una neumonía, porque en las partes bajas de los pulmones no se siente muy cómodo. Así que la gravedad, en cuanto a la localización, no es tan grave, porque las vías respiratorias superiores son mucho menos vulnerables que esos delicados alvéolos. Pero aparte de eso, es menos patógeno".

'Debido a esas mutaciones, la punción no tiene ningún sentido', continuó Capel. 'Lo sabíamos desde el principio: contra un virus de ARN respiratorio que muta rápidamente, no se pueden hacer vacunas. Incluso alguien de la OMT publicó sobre eso en 2008, que efectivamente es así y que ni siquiera hay que empezar'.

'Debido a ese pinchazo, que no ofrece ninguna protección, la gente se ha convertido en súper propagadores. Pero como los síntomas de Omicron son tan leves, no tienen ni idea de que están infectando... O lo que es lo mismo: en poco tiempo Omicron está recorriendo los Países Bajos. Entonces se hace un bloqueo - no es que ayude, pero entonces se puede arruinar la Navidad. Con el código QR viene el reconocimiento facial y tus datos bancarios, y entonces salen por donde quieren".

La salvación de la humanidad no es un virus patógeno

'Entonces, ¿desastre o salvación? Si te fijas en la salud pública, en pocas semanas tenemos inmunidad poblacional. Con una infección de este tipo no sólo se consigue la defensa contra la espiga, sino contra todo el virus... mientras que con ese estúpido pinchazo sólo se da la espiga -que con todos sus terribles efectos secundarios es muy tóxica-, que no funciona porque a menudo se escapa por mutación.

Y lo que sí funciona hace que (de las personas vacunadas) sean súper contagiosas. En otras palabras: ¡gran fiesta!".

'La salvación para la humanidad es que muy rápidamente tenemos un virus apenas patógeno, que realmente proporciona inmunidad para el resto de tu vida'. Si la semana que viene aparece otra variante, tu inmunidad (natural) la abordará en 48 puntos (proteínas) (en contraste con la 'vacuna', que sólo lo hace en un punto). Y la inmunidad de las células T no se ha estudiado, pero tampoco hay que subestimarla'.

'Pero es un "desastre" si lo dejamos pasar y usamos Ivermectina, y casi nadie enferma. Porque entonces los planes del gobierno no salen adelante, y eso es un desastre para ellos. Pero nosotros, en su enorme sabiduría, les damos todo el poder. Así que dejamos que el miedo vuelva a gobernar. Y sólo una pequeña predicción: ahora todavía se obtiene un certificado de recuperación cuando se ha recuperado, pero con esta variante todo el mundo lo obtiene. Entonces el miedo y el control desaparecen de nuevo, así que creo que el certificado de recuperación se suprimirá muy rápidamente y el código QR sólo se aplicará al pinchazo".

Así que, queridas personas, no tengáis tanto miedo a Omicron, y aseguraos de que podéis conseguir la Ivermectina (está estrictamente suprimida por el régimen occidental, los médicos de cabecera pueden recibir enormes multas y las aduanas confiscan los paquetes "sospechosos", etc.). Junto con algo de zinc e hidroxicloroquina, porque eso no tiene nada que ver con las mutaciones. Aparte de eso: disfruta de la vida, y que te vaya bien".

Novavax

La nueva vacuna Covid-19 de Novavax se promociona como más tradicional y, por tanto, menos dañina que las actuales inyecciones de las "cuatro grandes", pero ¿es realmente así? Su competidor, GSK, afirma haber desarrollado la primera vacuna "basada en plantas". ¿Cómo funciona? ¿Y este nuevo producto también se saltará los años normales de pruebas para utilizar a las personas "en vivo" como conejillos de indias? El experto en inmunología Pierre Capel se explaya sobre Novavax en su último vídeo, pero es claro en su conclusión: "Omicron es la vacuna realmente buena".

La inmunidad de la población creada por la infección masiva con esta variante apenas patógena es LA solución, según él.

Novavax no convierte el cuerpo en una fábrica de púas

Novavax es una de las llamadas vacunas recombinantes, como explicó Capel en un vídeo de Bitchute hace tres días. Eso significa que la información genética de la proteína (tóxica) de la espiga no se introduce en el cuerpo, sino en un virus (baculo). Este se cultiva en un laboratorio en ciertas células (de insectos) (polillas - X.). Esas células producen la espiga. Gran diferencia entre

Novavax y las otras que se utilizan ahora: no se fabrica la espiga, sino que la espiga ya está hecha y se administra con un adyuvante. Así que se convierte en un tipo de vacuna bastante clásica".

Pero, ¿qué espiga se crea a través de ese cultivo celular? Es la espiga Wuhan-Hu-1, con un total de 6 mutaciones para protegerla de la degradación en el cuerpo y para que se una bien a los receptores ACE2. 'Cuando se empieza a fabricar en el cuerpo, en todas partes ese receptor ACE2 se une y se bloquea y un montón de cosas van terriblemente mal (como podemos ver con las tomas de Pfizer, Moderna, Janssen). En el caso de Novavax, está mezclado con el adyuvante Matrix-M'. Se trata de nanopartículas compuestas de colesterol, fosfolípidos y saponinas de Quillaja (sustancias jabonosas), donde el pico se enchufa.

El bloqueo no impide NADA, y menos a Omicron

'Esta es una forma estándar de un adyuvante en una vacuna', continuó Capel. Sin embargo, la antigua espiga de Wuhan ha mutado unas 20.000 veces. Por lo tanto, la variante Omicron difiere drásticamente de esta espiga (virus) original de Wuhan. El lado de unión está completamente cambiado, lo que lo hace mucho más contagioso (70 veces más rápido que Delta), pero también mucho menos patógeno.

Esto se debe a que Omicron se instala en las vías respiratorias superiores (bronquios), y no en los vulnerables alvéolos de los pulmones. La infección en los pulmones es, según las mediciones oficiales, incluso 10 veces menor que la variante Delta. Al exhalar, Omicron se lleva consigo una capa de mucosidad, lo que lo hace muy estable y capaz de permanecer en el aire durante mucho tiempo. Un bloqueo no tiene absolutamente nada que ver con esto, y no evita NADA", subraya el experto en inmunología. (En resumen: el encierro navideño no es más que puro acoso, y del tipo más dañino).

'Omicron la vacuna realmente buena; Novavax apenas funciona contra ella'

Así que Novavax no tiene ninguno de esos horribles efectos secundarios, porque se dispara fuera del cuerpo, no dentro", resume Capel. Tiene adyuvantes bastante clásicos, y eso es lo que se necesita. También genera inmunidad de células T y anticuerpos en las cantidades adecuadas. El hecho de que sea un pico de edad, tiene muy poco efecto sobre Omicron en un sentido neutralizador... Si no ayuda, no hace daño; puede tener un pequeño efecto, pero no mucho".

'Omicron se está extendiendo como un loco, y podemos estar muy contentos por ello porque es mucho menos patógena. Pero Omicron es la vacuna realmente buena. Así que se consigue una buena inmunidad (popular)... Date cuenta de que la inmunidad natural al Covid es más que suficiente y la vacuna es básicamente innecesaria, y que si te pones muy enfermo sólo hay medicación (especialmente la prohibida/suprimida

Ivermectina). De todas las chorradas (del gobierno) que
ahora se proponen de forma tan idiota, ya hablaremos
en otro momento.

Espero que esta información les dé algo de
tranquilidad", concluye. Tal vez esa tranquilidad se
aplique un poco menos a los vacunados, ya que un
informe oficial del gobierno danés (del Statens Serum
Institut) muestra que el 91% de las "infecciones" por
Omicron se producen en personas vacunadas. Ahora
bien, aunque Omicron es inofensiva, demuestra una vez
más la dura verdad de que las inyecciones de Covid no
sólo no ofrecen ninguna protección, sino que además
debilitan y dañan el sistema inmunitario, como se ha
establecido en numerosos estudios anteriores, y
recientemente ha confirmado la Agencia de Seguridad
Sanitaria del Reino Unido.

Novavax es menos inofensivo de lo que se pensaba

El 1 de abril de 2021, el presidente de I+D de Novavax,
el Dr. Gregory Glenn, explicó a la CNN que nunca se
utilizó un virus intacto en el desarrollo de su vacuna,
sino sólo información genética publicada en Internet.
'Nunca tocamos el coronavirus en sí'. ¿Y por qué no?
Porque no tenían el (supuesto) virus en sí. En otras
palabras, están desarrollando una vacuna contra algo
que ni siquiera poseen, sino que sólo existe en el papel
(en este caso, la pantalla). Entonces, ¿cómo sabes si
funciona contra algo?

Los biocientíficos también se preguntan cuánta pureza tiene el Novavax, cuántas proteínas y partículas celulares de las células de la polilla permanecen en la vacuna y qué podrían estar haciendo en el cuerpo humano. Y como la proteína de la polilla inyectada ha sido alterada en varios lugares para protegerla de la degradación, permanece por tanto flotando en nuestro cuerpo (mucho) más tiempo. De las otras inyecciones, ahora sabemos el enorme daño que ha causado a millones de personas a estas alturas.

(Por ejemplo, eche un vistazo a este gráfico oficial: las inyecciones de Covid han matado a más personas en menos de un año que todas las demás vacunas existentes juntas en 30 años. Presentar esto como "seguro" es, por tanto, poco menos que criminal:)

Además, los adyuvantes utilizados no son definitivamente tan inocuos. La experiencia con otras vacunas demuestra que muchas personas no parecen tolerar bien los jabones y fosfolípidos utilizados inmunológicamente. Posiblemente sea aún más peligroso el hecho demostrado de que las nanopartículas se extienden por todo el cuerpo en cuestión de minutos, como también describió Capel en su anterior vídeo. Esto significa que estas nanopartículas pueden llegar a órganos cruciales, el corazón y el cerebro, con picos de toxicidad.

En resumen: la vacuna Novavax parece efectivamente menos dañina, pero no es necesariamente inofensiva. Si se considera entonces que es realmente inútil contra las variantes actuales, y que la inmunidad natural es de todos modos muchas veces mejor, más fuerte y más duradera, entonces esta vacuna es también completamente superflua.

Se desarrolla la primera vacuna de origen vegetal

En realidad, lo mismo puede decirse por adelantado de la primera vacuna "basada en plantas" del mundo desarrollada por GSK/Medicago (2). Los antígenos (partículas similares a los virus) de esta vacuna aún no aprobada, denominada provisionalmente CoVLP, se han cultivado en cultivos modificados genéticamente (como las patatas y el maíz).

Según Medicago, que lleva 20 años trabajando en esta tecnología, la ventaja es que, aunque las partículas similares a los virus son reconocidas por el sistema inmunitario y desencadenan una respuesta, no contienen un núcleo de material genético, no son infecciosas y no pueden replicarse.

Aunque se han completado los ensayos clínicos con unos 24.000 adultos en 6 países, que se dice han demostrado una eficacia del 71%, normalmente se necesitan muchos años para investigar si un nuevo tipo de vacuna es lo suficientemente "seguro" como para ser inyectado a las personas a gran escala.

El riesgo "casi insignificante" que declara la OMS de que la vacuna esté contaminada con un virus vegetal que

pueda dañar la salud significa que sí existe esa
posibilidad.

Además, de nuevo, estamos tratando con un
medicamento basado en células modificadas
genéticamente, y con adyuvantes que entran en el
cuerpo humano. Y de nuevo, estamos hablando de una
supuesta "protección" contra un virus respiratorio que
estadísticamente no es más peligroso que una gripe
leve y que muta a la velocidad del rayo, por lo que es
científicamente imposible desarrollar una vacuna que
funcione contra él (por no hablar de que el presidente
de I+D de Novavax reconoció no tener siquiera ese virus
en sus manos).